왕국을 구한 소녀 안젤라의
경제 이야기

사회와 친해지는 책 경제

왕국을 구한 소녀 안젤라의
경제 이야기

조경숙·이기욱 글 | 고상미 그림

창비

◈ 작가의 말 ◈

경제, 어렵지 않아요!

　우리의 일상은 대부분 경제와 관련이 있습니다. 학용품을 사고 햄버거를 먹거나, 친구와 서로 마음에 드는 물건을 교환하는 것도 경제 활동이지요. 최신 휴대폰이 자꾸만 출시되어 우리의 구미를 당기는 것도, 아파트 전세 가격이 늘 들쑥날쑥하여 부모님이 고민하는 것도 다 시장에서 경제 활동이 끊임없이 이루어지기 때문입니다. 즉 우리는 실용적인 목적에서라도 경제를 이해할 필요가 있답니다.

　이 책은 일상생활 속에 숨은 경제 원리를 이해하고, 그 원리가 작동하는 과정을 스스로 생각해 보는 힘을 키우는 것을 목표로 하고 있습니다. 그래서 작고 세세한 문제를 다루기보다는 시장과 교환, 분업과 생산성, 보이지 않는 손 등 가장 기초적인 경제학의 개념들을 가상의 역사를 통해 보여 주고자 합니다.

　이제부터 우리는 자급자족 경제 형태에서 벗어나 이곳저곳에서 시장이 막 생기기 시작하는 중세 유럽으로 날아갈 거예요. 그리고 거기서 안젤라라는 소녀를 만나 보겠습니다. 캘버른 왕국의 공주 안젤라는 의문의 사건으로 아버지를 잃고 기울어져 가는 왕국을 물려받습니다. 그녀는 캘버른 왕국을 다시 일으켜 세우고 백성들을 가난에서 벗어나게 하겠다는 결심을 합니다. 그러나 무슨 일을 어디서부터 어떻게 해야 할지 알 수가 없었지요. 그때 에머슨 신부가 무엇보다 경제를 잘 알아야 한다고 충고합니다. 안젤라는 그 충고를 받아들이고 열심히 경제 공부를 하면서, 경제학의 기초 개념을 왕국의 상황에 적용해 나갑니다. 캘버른 왕국은 시장이 열리고 분업이 발전하면서 자급자족 경제에서 교환 경제로 진화해 갑니다. 더불어 국가가 해야 할 중요한 일인 교육과 복지 정책까지 펼칠 수 있게 됩니다.

과연 안젤라는 왕국을 위협하는 세력을 물리치고, 처음 결심대로 훌륭하게 왕국을 일으켜 세울 수 있을까요? 안젤라도 여러분처럼 경제가 무엇인지 잘 몰랐습니다. 그러나 열심히 공부하고 눈앞에서 하나하나 확인하며 경제의 기본 원리를 깨닫게 되었지요. 자, 여러분도 안젤라와 함께 캘버른 왕국으로 가 봅시다. 경제, 그렇게 어렵지 않아요!

2016년 12월

조경숙 · 이기욱

차례

작가의 말 4
등장인물 8

1. 사냥터 습격 사건 11
2. 왕국의 위기 29
3. 소문들 35
4. 여왕이 된 안젤라 42
5. 에머슨 신부를 설득하다 52
　📖 경제란 무엇인가? 60
6. 윌리엄 왕의 죽음 62
　📖 잘사는 나라에 숨은 생산성의 비밀 70
7. 수상한 움직임 72
　📖 더 나은 삶을 위한 교환과 시장의 탄생 78
8. 첫걸음을 떼다 80
　📖 분업과 생산성 향상, 그리고 시장의 발달 90
9. 찰스 공작의 뒤통수를 치다 92
10. 협상의 시작 99

11. 젊고 어리석은 영주 108

12. 모여드는 사람들 113

13. 어느 장인의 이야기 122

14. 왕실 파티 127

15. 불이야! 142

16. 거지와의 대화 155

📖 보이지 않는 손, 수요와 공급을 지키다 168

17. 소매치기 아이들 170

18. 빅토리아의 방문 177

📖 공정한 심판과 구호자로서의 국가 184

19. 불길한 징조 186

20. 캘버른 성을 지켜라! 192

21. 도망자가 된 찰스 공작 201

22. 기적 208

등장인물

안젤라 캘버른 왕국의 공주. 쾌활하고 당당한 성격. 아버지인 윌리엄의 뒤를 이어 국왕으로 즉위한다. 위기에 빠진 왕국을 다시 일으켜 세우기 위해 애쓴다.

애머슨 신부 반우드 수도원의 원장. 왕이 된 안젤라를 곁에서 돕는다. 안젤라에게 필요한 경제학 지식을 가르치며 왕국 운영에 필요한 지혜를 아낌없이 전한다.

제이슨 안젤라를 가장 가까이에서 보호하는 기사. 누구보다 안젤라를 잘 이해하고 사랑하지만, 여왕의 기사라는 신분 때문에 마음을 드러내지 못한다.

찰스 공작 드라이크의 영주. 왕국 내 가장 강력한 영주로서 왕좌를 차지하려고 야심을 펼친다. 공주였던 안젤라와의 결혼에 실패한 뒤 그녀에게 앙심을 품는다.

위슬리 자작 캘버른 왕국의 경제 정책 담당. 냉철하고 책임감이 강하다. 훗날 백작이 되어 안젤라의 특사 역할을 한다.

윌리엄 왕 안젤라의 아버지. 누군가의 계략으로 독주를 마시고 결국 죽음에 이른다. 늘 안젤라를 걱정하며 그녀의 행복을 바란다.

더글러스 백작 윌리엄 왕의 심복. 안젤라가 여왕이 된 후 불안한 모습을 자주 보인다.

스미스 백작 켈른의 영주. 가난한 백성들을 잘 돌보지 않는다.

에드워드 백작 기사 출신 영주. 백성들에게 큰 존경을 받고 있다.

로빈슨 백작 핸오키의 젊은 영주. 어리석은 인물이다.

빅토리아 찰스 공작의 여동생이자 안젤라의 오랜 친구. 오빠의 야심을 알아채고 괴로워한다.

존 찰스 공작의 심복. 체구가 크고 힘이 엄청나 사람들에게 위압감을 준다.

메리 안젤라의 유모. 눈물이 많으며 늘 안젤라의 행복을 바란다.

케이트 안젤라의 시녀. 밝고 명랑한 성격으로 안젤라를 즐겁게 한다.

1. 사냥터 습격 사건

햇살이 유난히 일찍 들어찬 어느 봄날 아침, 며칠 전 열다섯 살 생일을 보낸 캘버른 왕국의 안젤라 공주가 복도를 뛰어오고 있었다. 시녀들과 시종들이 옆으로 비켜섰다가 공주가 지나가자 수군거렸다.

"어쩌면 저리 똑 닮으셨을까?"

"자네도 그리 봤는가? 정말 왕비님이 살아 돌아오신 것만 같네 그려."

안젤라가 뛰어간 곳은 유모 메리의 방이었다.

메리는 바느질을 하며 혼자 후 한숨을 쉬었다.

"벌써 열다섯 살이 되시다니. 왕비님의 생전 모습을 닮으셨으니 곧 얌전하게 바느질하고 요리를 배우는 참한 공주님이 되시겠지."

그 말이 끝나기도 전에 복도에서부터 우당탕 쿵쾅 요란한 소리가 나더니 문이 벌컥 열렸다.

"메리! 준비됐어?"

유모가 고개를 절레절레 저었다.

"공주님! 제발……."

"어서, 어서! 내가 봄이 오기를 얼마나 기다린 줄 알아? 오늘 해가 뜨기를 얼마나 기다린 줄 알아? 매일 아버지는 나를 책상에 붙들어 두려고만 해. 그리스 어, 라틴 어에 프랑스 어까지! 거기다가 철학에 천문학에……. 어휴, 이제는 정치 입문을 위한 공부까지 하라고 하시잖아! 내 머리가 폭발하기 일보 직전이라고!"

안젤라는 투덜거리다가 금세 메리의 허리에 팔을 두르며 쌩긋 웃었다.

"내가 말한 건 준비해 두었겠지? 유모는 내가 원하는 건 다 해 주잖아, 그렇지?"

메리는 어쩔 수 없다는 듯 승마복과 승마용 신발을 꺼내 주었다.

안젤라가 그것들을 쓰다듬다가 고개를 들었다.

"케이트는 어디 있어? 제이슨은?"

그때 뒤에서 명랑한 목소리가 들렸다.

"공주님, 저 부르셨어요?"

동글동글하고 까만 눈이 영리해 보이는 소녀가 작은 몸을 낮추며 인사했다. 안젤라의 시녀인 케이트였다.

"사냥 갈 준비가 되었는지 알아봐. 그리고 제이슨이 어디 있나 찾아봐."

"예."

케이트가 나가자 안젤라는 승마복을 입었다. 그러다가 고개를 갸웃했다.

"옷이 작아진 거 같지 않아? 여기가 좀 답답한데?"

안젤라가 가슴께를 내려다보며 말하자 메리가 비시시 웃었다.

"그거 보세요. 이제 공주님도 어엿한 숙녀가 되신 거라고요. 그러니 제발 사냥이니 뭐니 하는 건 그만두세요."

안젤라가 발끈했다.

"숙녀는 사냥하지 말라는 법 있어? 성안에서만 지내는 답답한 생활은 사절이야! 어서 옷 품을 늘려서 숨을 쉴 수 있게 해 줘."

메리가 한숨을 쉬며 안젤라 공주가 도로 벗어 놓은 옷을 손보기 시작했다.

안젤라는 방 안을 오락가락했다.

"아버지도 같이 가면 좋을 텐데, 왜 그리 바쁘신지 모르겠어."

"그러니 빨리 결혼을 하셔야 해요. 그래야 공주님께서 폐하의 짐을 좀 덜어 드리지 않겠어요? 찰스 공작님께서는 아직…….”

메리가 바느질을 하며 말했다.

“찰스! 찰스! 찰스 얘기 좀 그만해!”

안젤라는 얼굴까지 붉히며 화를 냈다.

그때 제이슨이 들어와 한쪽 무릎을 꿇었다. 안젤라와 어린 시절을 함께 보낸 그는 신하이기 전에 친구였다.

“부르셨습니까, 공주님?”

안젤라의 얼굴이 확 펴졌다.

“오, 제이슨! 오늘은 어디로 간다고 했지?”

“켈른이라고, 왕궁과 가장 가까운 영지입니다. 며칠 전 수렵 담당관이 켈른에 가서 탐색을 마쳤습니다.”

“좋아, 어서 나가서 서두르라고 해.”

제이슨이 나가자마자 안젤라가 메리를 재촉했다.

“다 됐지? 어서 옷을 입혀 줘. 빨리!”

메리가 안젤라의 옷매무새를 만져 주며 말했다.

“조심하세요, 공주님.”

안젤라가 깔깔 웃었다.

“걱정 마, 유모. 늘 그렇게 걱정만 하다간 금방 늙어 버려.”

“공주님!”

"걱정 말래도. 내 곁엔 제이슨이 있잖아."

중앙 정원에는 제이슨을 비롯한 기사들과 군사 스무 명이 대기하고 있었다. 케이트도 간편한 복장으로 갈아입고 나와 있었다.

안젤라가 자신의 말인 히마리온을 쓰다듬었다.

"너도 봄이 오길 기다렸지? 어서 가자!"

안젤라가 말에 오르자 케이트가 바로 뒤를 따랐고 제이슨과 기사들, 그리고 군사들이 안젤라 공주를 보호하듯 에워싸고 갔다.

그들은 달리고 달려 한낮에 켈른에 도착했다. 켈른의 숲은 울창하고 고즈넉했다. 안젤라가 주변을 살피는 동안 군사들이 사냥개의 목줄을 풀고 사냥 준비를 서둘렀다. 그때 멀리서부터 먼지구름과 함께 말발굽 소리가 들려왔다.

제이슨이 깃발을 확인했다.

"스미스 백작입니다. 이곳의 영주지요."

스미스 백작 일행은 공주에게 다가와 일제히 말에서 내려 예를 갖췄다. 안젤라는 스미스 백작의 지나치게 화려한 옷과 장신구들을 보며 말했다.

"백작님을 번거롭게 해 드린 게 아닌지 모르겠습니다."

스미스 백작이 펄쩍 뛰었다.

"무슨 말씀이십니까? 이곳까지 방문해 주시니 더없는 영광입니다. 폐하께서는 건강하신지요? 뵌 지가 하도 오래라……."

"물론 덕분에 건강하십니다. 오늘 사냥으로 백성들이 불편하지 않도록 하라 당부하셨습니다."

"역시 폐하의 넓은 마음이……."

스미스 백작이 장황하게 말을 늘어놓으려 하자 안젤라는 그의 말을 잘랐다.

"여기서는 어떤 사냥을 즐기나요?"

"저희 영지에서는 대부분 밀 농사를 짓는데, 멧돼지들과 사슴들이 밀 농사를 방해하곤 하지요. 그래서 그놈들을 주로 사냥합니다."

안젤라는 히마리온의 등에 다시 오르며 말했다.

"저도 이곳 밀 농사에 조금이라도 도움을 드리면 좋겠네요. 그럼 시작해 볼까요?"

안젤라는 바로 말을 돌려 숲으로 향했다. 안젤라의 뒤로 기사들과 군사들이 줄을 이었다. 한낮인데도 나무들이 빽빽이 들어차 어두컴컴한 곳에 이르렀을 때, 드디어 수렵 담당관의 뿔 나팔이

울렸다. 사냥의 시작을 알리는 신호였다. 그러자 개들이 짖기 시작했다.

언젠가 안젤라가 아버지인 윌리엄 왕에게 물었다.

"사슴은 개보다 빠르고 강력한 뿔도 있는데, 왜 번번이 개들에게 잡히고 말까요?"

"그건 두려움 때문이란다."

"두려움이라고요?"

"두려움에 사로잡히면 정상적인 생각을 못 하게 된단다. 내가 상대방보다 나은데도 꼼짝 못 하고 벌벌 떨다가 결국 잡히는 거지."

안젤라가 잠깐 생각에 잠겨 있는데 누군가가 소리쳤다.

"공주님! 이쪽입니다!"

안젤라가 소리 나는 쪽으로 몸을 돌리는 순간, 어디에선가 화살이 날아왔다. 놀란 안젤라는 히마리온의 등 위로 몸을 납작 엎드렸고 화살은 안젤라의 머리 위를 스쳐 지나갔다.

"공주님!"

제이슨이 소리치며 안젤라 앞으로 바짝 붙었다.

또 하나의 화살이 날아왔다. 그 화살은 안젤라의 앞을 막고 있던 제이슨의 팔을 스치며 상처를 냈다. 제이슨의 팔에서 피가 흘러내리는 것을 보고 안젤라가 비명을 질렀다.

그때 숲속에서 무장한 사내들이 나타났다. 그들은 칼을 휘두르며 안젤라에게 다가왔다. 제이슨은 다친 것도 잊고 몇 번의 공격을 막아 냈다. 때마침 뒤따라온 기사들과 군사들이 두 사람을 둘러싸며 도망갈 길을 열어 주었다. 제이슨과 안젤라는 그 길을 따라 계속해서 말을 달려 숲을 벗어났다.

안젤라가 주위를 두리번거리며 물었다.

"여기가 어디지? 다른 사람들은 모두 어디 있어?"

"그것보다 빨리 성으로 돌아가야겠습니다. 폐하가 걱정됩니다."

제이슨의 말에 안젤라는 깜짝 놀랐다.

"공주님을 공격한 무리들이 폐하께도 어떤 나쁜 짓을 했을지 알 수 없습니다."

안젤라는 당황했다. 애써 마음을 진정하고 피범벅이 된 제이슨의 팔을 보았다.

"상처는 어때? 얼마나 다친 거야?"

"저는 괜찮습니다. 어서 성으로……."

안젤라는 입술을 깨물며 고개를 저었다.

"너는 다쳤고 나는 싸움을 못하고……. 이런 상태로 돌아간들 무슨 도움이 되겠어? 우선 너부터 치료를 하고 봐야겠다. 그러는 동안 생각도 좀 해 보자고."

제이슨은 안젤라가 침착하게 대꾸하자 깜짝 놀랐다.

"그런데 왜 숲을 벗어났는데도 인가가 보이지 않는 거지?"

그때 안젤라의 말에 대답하듯 멀리서 불빛이 희미하게 반짝였다.

"저기 집이 있는 것 같아!"

불빛을 향해 말을 달리면서 안젤라는 언젠가 배운 적이 있는 간호법을 기억해 내려 애썼다. 제이슨이 다치다니. 그런데 아버지까지 위험에 처했을지도 모른다고 생각하니 안젤라는 눈앞이 캄캄했다. 그때 윌리엄 왕이 했던 말이 떠올랐다.

"너는 앞으로 이 왕국을 이끌 사람이다. 보통 사람들처럼 작은 일에 흔들려서는 안 된다. 신께서 늘 너를 돌보아 주실 것이다."

불빛이 새어 나오는 허름한 농가 앞에 도착했을 때, 안젤라와 제이슨은 농가 뒤로 희미하게 떠 있는 듯한 성을 보았다. 켈른 성이었다. 켈른 성으로 가서 지금의 상황을 설명하고 도움을 받는 것이 가장 빠르고 쉬운 방법이었다. 거기서 전령을 보내 왕국에 무슨 일이 생겼는지 알아 오라고 시킬 수도 있을 것이다. 그러나 안젤라는 스미스 백작이 이 사건에 가담했을지도 모른다는 생각이 들었다.

안젤라는 농가 쪽으로 발길을 옮기며 제이슨에게 당부했다.

"내가 누군지 밝히지 마."

"예, 알겠습니다."

문을 두드리자 한 여자가 고개를 빼꼼 내밀었다. 제이슨이 잠시 쉬어 갈 것을 청하자 여자가 두 사람을 위아래로 훑어보며 퉁명스럽게 말했다.

"보아하니 귀한 집 아가씨 같은데, 보다시피 우리 집은 무너지기 일보 직전이고 먹을 것도 씨가 말랐어요."

안젤라는 깜짝 놀랐다. 한 번도 이렇게 무뚝뚝한 말투를 들어 본 적이 없었던 것이다. 사람들은 공주에게 늘 친절했고 호의적이었다. 안젤라는 그것을 당연하다고 여기며 살아왔다.

제이슨이 여자의 손에 은화 한 닢을 쥐어 주자 여자의 표정이 확 바뀌었다.

"하지만 이런 집이라도 괜찮다면 들어오세요. 우리 집 양반이 다쳐서 한동안 벌이가 없었어요. 벌어들이는 사람은 없고 먹을 입은 줄줄이 달렸으니 형편이 말이 아니지요. 하긴 뭐 다치기 전에도 마음 놓고 먹어 본 적은 없었지만요……."

안젤라가 끝없이 이어질 것 같은 여자의 수다를 잘랐다.

"말들을 묶어 두고 뜨거운 물과 수건 몇 장, 상처를 감을 깨끗한 천을 준비해 줄 수 있겠지?"

여자는 나이 어린 안젤라에게서 위압감을 느끼곤 당황했다.

"예, 물론입지요."

여자가 굽실거리며 두 사람을 안으로 안내했다. 집 안은 퀴퀴하고 지저분했고, 화덕 앞에는 아이 셋이 웅크리고 있었다. 아이들은 안젤라와 제이슨을 두려운 눈으로 올려다보았다. 아이들 뒤쪽으로는 한 남자가 죽은 듯이 누워 있었다.

안젤라와 제이슨은 아쉬운 대로 화덕에서 가까운 짚 더미 위에 앉았다. 여자가 물을 데워 오자 안젤라는 수건을 따뜻한 물에 적셔 제이슨의 상처를 닦아 냈다.

"제이슨, 그자들이 누구라고 생각해?"

"함부로 말씀드리기는 곤란합니다만 그들 중 한 사람의 방패에서 영지를 상징하는 문장을 보았습니다."

안젤라의 손이 멈칫했다.

"드라이크의 문장이었습니다."

드라이크는 찰스 공작이 다스리는 영지였다.

"그것만으로 단정할 수는 없습니다. 어쩌면 그 문장을 일부러

드러내서 찰스 공작님을 모함하려는 걸지도 모르니까요."

"찰스 공작은……."

안젤라가 눈을 가늘게 뜨고 말했다.

"사실 탐탁지 않은 사람이야."

"공주님."

안젤라가 낮은 소리로 제이슨을 나무랐다.

"신분을 밝혀서는 안 된다고 했잖아."

"죄송합니다."

"네 말도 일리는 있어. 하지만 찰스 공작의 움직임도 잘 살펴봐야 해."

안젤라는 천을 길게 잘라 내 제이슨의 상처 위에 친친 감았다.

"이제 피가 멈췄으니 성으로 돌아가자. 찰스 공작도 드라이크의 마크도 입 밖에 내지 말고 상황을 살펴보자."

"알겠습니다."

제이슨이 몸을 추스르며 일어나는데 여자가 김이 피어오르는 그릇 둘을 가져왔다.

"벌써 가시게요? 가시기 전에 이걸로 몸을 좀 녹이세요. 입에 안 맞으시겠지만 몸을 따뜻하게는 해 줄 거예요. 봄이라도 밤에는 꽤 추우니까요."

그러고 보니 급박한 상황에 배고픔도 잊고 있었다. 멀건 죽이지만 그거라도 앞에 두자 그제야 배에서 요란한 소리가 났다. 안젤라가 생긋 웃었다.

"고마워요. 친절하시네요."

죽은 그런대로 먹을 만했다. 여자가 두 사람 앞에 쭈그려 앉았다.

"말들을 보니 아주 잘 먹여서 기름기가 좔좔 흐르던걸요? 그렇게 잘생긴 말들은 처음 보았어요."

여자의 호기심을 덮기 위해 안젤라가 물었다.

"집에서는 무슨 일을 하나요?"

여자가 한숨부터 내쉬었다.

"한때는 우리도 밀 농사를 지었지요. 하지만 남편이 다치고는 그마저도 못 하고 있어요. 하긴 다치지 않았다 해도 밀 농사는 그만두었겠지만요."

"왜요?"

"우리뿐만이 아니에요. 밀 농사를 짓던 사람들 중 많은 이들이 켈른을 떠났어요."

"무슨 일이 있었나요?"

"멀리서 오셨나 봐요? 켈른 사정을 하나도 모르다니…….."

여자가 수상하다는 듯 제이슨의 다친 팔을 흘끔거렸다. 제이슨이 서둘러 대답했다.

"사냥을 하다가 여기까지 오게 되었습니다."

"아아, 그래서……."

안젤라가 다시 물었다.

"이 주변은 땅도 넓고 기름져서 열심히만 일하면 문제가 없을 것 같은데요?"

여자가 얼굴을 찡그렸다.

"밀 농사가 어디 땅만 넓고 기름지다고 잘된다던가요? 뭘 모르는 아가씨로군요."

여자의 불손한 말투에 제이슨이 불끈하자 안젤라가 그의 어깨를 눌렀다. 여자는 눈치 없이 계속 중얼거렸다.

"풍년이 와도 이 근처에서는 전부 밀 농사만 지어서 어디 내다 팔기도 어려워요. 흉년이 한번 들면 모두 속수무책 굶을 수밖에 없고요. 게다가 요 몇 년간 홍수가 지지 않으면 가뭄이 들거나 했어요. 하느님도 무심하시지."

안젤라는 아버지가 하늘을 올려다보며 자주 한숨 쉬던 것을 떠올렸다.

"그뿐인가요? 쟁기가 부족해서 이웃끼리 돌려쓰다 보니 싸움도 자주 난다고요. 아이고, 남편은 다쳐서 저리 누워 있고 애들은 배고프다 징징거리고……. 그런데도 영주님께서는 세금을 내지 않으면 땅을 빼앗아 간다고 하시니……. 아휴."

여자의 넋두리는 끝이 없을 것 같았다. 안젤라가 일어서며 고개를 까딱했다.

"잘 알겠습니다."

여자가 안젤라를 올려다보며 피식 웃었다.

"알기는 어떻게 알겠어요. 그렇게 예쁜 옷을 입고 있는 아가씨가 우리 같은 사람들 사는 걸……."

제이슨이 참지 못하고 소리쳤다.

"감히 어느 앞이라고 입을 함부로 놀리는 거냐?"

제이슨의 큰소리에 화덕 앞의 아이들이 흠칫 놀라더니 훌쩍거리며 울기 시작했다.

"제이슨!"

안젤라가 겁에 질린 여자를 안심시켰다.

"덕분에 좋은 이야기 많이 들었습니다. 그리고 따뜻한 죽 정말 맛있었어요. 고마워요."

여자는 제이슨의 눈치만 살폈다.

안젤라가 집을 나오다 돌아보자 아이들은 그새 안젤라와 제이슨이 먹던 죽 그릇에 달려들어 남은 찌꺼기를 핥아 대느라 여념이 없었다. 안젤라는 걸음을 멈추고 차고 있던 팔찌를 풀어 여자에게 건넸다.

"이걸 팔아 아이들 먹을 것을 좀 사도록 해요."

여자는 잠시 주춤거리는가 싶더니 낚아채듯 팔찌를 가져갔다. 그리고 팔찌를 이리저리 돌려 본 후 눈이 휘둥그레져서는 안젤라에게 도로 팔찌를 돌려주었다.

"얼핏 봐도 굉장히 값나가는 물건인데요? 이걸 내다 팔려고 했다간 도둑으로 몰려 맞아 죽을 거예요."

안젤라가 난처한 표정을 짓자 제이슨이 은화 몇 닢을 꺼내 여자에게 주었다. 그리고 두 사람은 말을 몰아 농가를 떠났다.

여자는 멀어지는 두 사람을 의아하게 바라보았다.

2. 왕국의 위기

안젤라와 제이슨은 한밤중이 되어서야 성에 도착했다. 그리고 그 즉시 왕이 거처하는 곳으로 달려갔다. 방문을 열려는 찰나 윌리엄 왕의 오랜 심복인 더글러스 백작이 다가왔다.

"놀라지 마십시오. 폐하께서……."

안젤라는 더 듣지 않고 방으로 뛰어 들어갔다. 윌리엄 왕은 침대에 누워 있었다. 얼굴이 너무 창백해서 산 사람 같지가 않았다.

"아버지!"

안젤라가 침대 위로 쓰러지며 윌리엄 왕의 손을 잡았다. 그 손이 꿈틀대더니 왕이 눈을 떴다.

"오, 안젤라. 모두 돌아왔는데 네가 보이지 않아 걱정했다."

안젤라가 눈물을 흘렸다.

"아버지, 아버지……."

"울지 마라. 이제 이 나라를 지켜 가야 할 네가 약한 모습을 보이면 되겠니?"

"아버지, 무슨 말씀이세요? 그러지 마세요."

"현실을 똑바로 보아라. 그리고 강해져야 한다."

안젤라가 울부짖었다.

"누구예요? 대체 누가 이런 짓을!"

윌리엄 왕은 방 안에 모여 있던 사람들에게 손짓을 했다. 그러자 왕을 간호하던 의사와 시종들이 모두 나갔다. 더글러스 백작도 나가려 하자 왕이 그를 불러 세웠다.

"더글러스, 자네는 이리 가까이 오게."

더글러스 백작이 침대로 다가오자 윌리엄 왕이 그의 손을 잡았다.

"우리 안젤라를 잘 부탁하네. 믿을 사람은 자네밖에 없어."

"무슨 말씀이십니까? 안젤라 공주님이 결혼도 하시고 손자도 보실 때까지 건강하실 겁니다."

윌리엄 왕이 힘없이 미소 지었다.

안젤라가 사냥터에서 낯선 사람들에게 공격을 당했던 그 시각, 윌리엄 왕은 포도주를 마신 후 구토를 일으켰다. 그는 심상치 않음을 느끼고 곧바로 의사를 불러 신속하게 해독을 했다. 그러나

이미 일부 독이 몸속으로 들어간 후였다. 그 양이 얼마만큼인지, 또 얼마나 치명적인지 알 수가 없었다. 더글러스 백작이 뒤늦게 포도주를 가져온 시녀를 뒤쫓았으나 그녀는 이미 감쪽같이 사라진 후였다.

"내게 이런 일이 벌어졌다는 걸 알면 몇몇 영주들은 반란을 꾀할 거네. 그들이 누구인지는 자네도 잘 알겠지."

더글러스 백작의 이마에 주름이 깊어졌다.

"최대한 시간을 끌어 그들을 막아야 하네. 그러려면……."

윌리엄 왕은 잠시 말을 멈췄다. 숨이 가빠 왔다. 안젤라가 왕을 말렸다.

"그만하세요! 우선 좀 쉬셔야 해요. 그런 일은 나중에, 나중에 천천히 하셔도 돼요."

그러나 윌리엄 왕은 손을 저으며 말을 계속했다.

"더글러스, 소문이 퍼지지 않게 우선 입단속을 해 주시오."

"잘 알겠습니다. 하지만 수사를 해야 할 텐데요."

"그것도 비밀리에 하시오. 드러내 놓고 수사를 하다 보면 내 상태가 새어 나가지 않겠소? 안젤라를 습격한 무리들도 아마 같은 패거리이지 싶소."

윌리엄 왕은 무언가를 골똘히 생각하더니 입술을 달싹이다가 멈추었다. 그리고 이내 고개를 저었다.

"나가 보시오. 안젤라 말대로 이제는 좀 쉬어야겠소."

더글러스 백작이 방을 나가자 윌리엄 왕은 안젤라를 애틋하게 바라보았다. 그는 눈물범벅이 된 안젤라에게 물었다.

"네가 가장 믿는 자가 누구냐?"

"제이슨 기사예요. 오늘도 그가 저를 구했어요."

"부상을 당했다고 하던데?"

"화살이 팔에 스친 정도예요. 피를 많이 흘리긴 했지만 곧 회복할 거예요."

윌리엄 왕은 잠시 눈을 감았다가 떴다.

"알겠다. 그를 불러라."

"지금 당장요?"

"그래. 누구의 눈에도 띄지 않아야 한다."

그날 밤 윌리엄 왕은 제이슨에게 비밀 명령을 내렸고, 제이슨은 홀로 궁을 빠져나갔다.

제이슨은 누구보다 안젤라를 잘 알고 있었다. 오늘처럼 슬픈 눈을 한 안젤라를 본 것은 두 번째였다. 아주 어렸을 때, 안젤라도 제이슨도 세상모르는 장난꾸러기였던 그때, 병약했던 왕비가 세상을 떠났다. 그때는 대놓고 엉엉 울던 안젤라였다. 어린 제이슨은 그런 안젤라를 보며 그녀를 지켜 주겠노라고 결심했다. 그 울보 공주가 이제는 눈물을 삼키며 의젓하게 굴려고 노력했다. 제이슨은 그게 더 마음이 아팠다.

"이랴!"

제이슨은 달리는 말에 채찍을 휘둘렀다. 지금은 윌리엄 왕의 비밀 명령만을 생각해야 한다.

"네게 이 나라의 운명이 달렸다. 시간에 맞춰 그분을 모셔 오지 않으면 우리 캘버른 왕국은 더 이상 이 세상에 존재하지 않게 될 것이다."

3. 소문들

왕이 심각한 상태에 놓였다는 소문은 각 영지로 퍼져 나갔다. 몇몇 영주들은 이제 기회가 왔다고 생각했다. 그러나 왕이 금세 회복되었다는 소문이 뒤를 이었다. 영주들은 어느 소문이 진짜인지 확인하려 했으나 왕에 대한 말은 들쑥날쑥 종잡을 수가 없었다.

한편 윌리엄 왕은 매일 더글러스 백작을 불러 안젤라의 왕위 계승에 관해 의논했다.

"그보다는 찰스 공작님과 안젤라 공주님의 결혼을 다시 추진하는 게 어떻겠습니까? 찰스 공작님이라면 이런 때에 왕국의 방패막이가 되어 줄 것입니다. 그러면 모든 일들이 다 해결됩니다."

"글쎄……. 공주가 찰스 공작에게 마음을 열지 않으니 억지로야……."

"폐하!"

"아니야, 아니야. 그런 식으로 밀어붙일 수는 없소. 경도 알지 않소. 안젤라는 왕비 없이 불쌍하게 자란 애요. 그런 애에게 이 나라를 위해 억지 결혼을 시킬 수는 없소."

더글러스 백작은 왕의 처소를 나오며 고개를 흔들었다.

"이래서는 안 돼. 이렇게 해서는……."

윌리엄 왕은 밤마다 안젤라에게 나라를 다스리는 일에 대해 가르쳤다. 안젤라는 곧 아버지를 잃을지도 모른다는 슬픔과 이 나라를 책임져야 한다는 압박감을 동시에 느끼며 제이슨을 기다렸다. 그러면서 안젤라는 자신이 여태 제이슨에게 얼마나 많이 의지해 왔는지를 깨달았다. 제이슨은 어머니 같고, 오빠 같고, 친구 같고, 때로는 연인 같았다. 거기까지 생각이 미치자 안젤라의 얼굴이 붉어졌다. 안젤라는 그 생각들을 털어 냈다.

'이제 나는 개인적인 감정에 휘둘려서는 안 돼.'

불안과 걱정 속에 시간이 흘렀다. 그리고 드디어 제이슨이 돌아왔다. 소식을 들은 안젤라가 왕의 처소로 가니 윌리엄 왕은 최근 보지 못한 환한 얼굴로 그녀를 맞았다.

"마침 잘 왔다. 네게 소개할 분이 오셨다."

윌리엄 왕 옆에 서 있던 사람이 안젤라를 향해 고개를 돌렸다.

"반우드 수도원의 원장인 에머슨 신부이시다."

안젤라도 그 이름은 익히 알고 있었다. 에머슨 신부는 왕족이나 귀족 못지않게 부와 권력을 누릴 수 있는 성직자면서도 백성들 위에 서지 않고 오히려 빈민 구호 사업에 열심이었다. 그래서 사람들은 그를 '살아 있는 성인'이라고 불렀다. 안젤라의 어머니인 왕비도 죽기 전까지 에머슨 신부의 일을 적극 도왔다고 들었다.

에머슨 신부는 소문보다 훨씬 젊고 쾌활한 사람으로 보였다.

"공주님, 저는 공주님의 어릴 적 모습을 똑똑히 기억한답니다."

그는 윌리엄 왕을 돌아보며 웃었다.

"그때는 어리광쟁이 울보였는데요, 하하."

왕이 웃음을 터뜨렸다. 제이슨도 웃음을 참으려 고개를 숙였다. 안젤라의 얼굴이 붉어졌다.

"어렸을 때 안 그런 사람이 어디 있겠어요?"

에머슨 신부가 제이슨을 가리켰다.

"이 청년은 안 그랬답니다. 어렸을 때도 의젓하더니 지금은 정말 늠름한 기사가 되었군요."

"그랬지요. 제이슨은 어렸을 때부터 어른스러웠지요."

윌리엄 왕은 신부의 말에 맞장구를 쳐 주면서도 내심 초조했다.

캘버른 왕국은 켈른과 드라이크 등 여러 개의 영지로 나뉘어 있었다. 영주들은 각자 자신의 영지를 다스렸지만 그들 모두는 신의 통치 아래에 있었다. 영지를 대표하는 캘버른 왕국은 교회를 보호하면서 동시에 교회의 지배를 받았다. 그러니 교회와 백성 모두에게 영향력이 큰 에머슨 신부만 확실하게 끌어들이면 여러 영지의 민심을 한꺼번에 얻을 수 있다고 생각해도 좋았다. 그렇게 되면 아직 어린 안젤라가 왕위를 계승해도 영주들이 함부로 날뛰지는 못할 터였다. 그러나 그러지 못할 경우 안젤라는 상당한 곤욕을 치르게 될 것이 분명했다.

한동안 웃음을 터뜨리며 유쾌하게 이야기를 하던 에머슨 신부가 윌리엄 왕을 돌아보았다.

"폐하, 명분이 있어야 합니다. 그러면 그들의 칼을 막을 수 있습니다."

윌리엄 왕은 정신이 번쩍 들었다.

"명분이라고? 자세히 말씀해 보시오."

"제가 이번에 교황청에 다녀왔습니다. 순례 여행이었지요. 가끔은 저희 신부들에게도 신앙심을 북돋아 줄 계기가 필요하답니다. 같은 자리에 안주하다간 저도 모르게 마음이 풀어지니까요."

윌리엄 왕은 신부의 말을 끊지 않고 가만히 듣고만 있었다.

"어쩌면 기도가 막히고 마음이 불안했던 게 하느님의 뜻이었나 봅니다. 제이슨이 마지막 여행지까지 저를 찾아와 폐하께서 찾으신다는 말을 하는 순간 깨달았습니다."

"계속하시오, 신부."

"여행 도중 제게 큰 은총이 내려졌습니다. 하느님께서 저를 그 길로 인도하신 것 같습니다."

신부는 갑자기 무릎을 꿇고 가슴에 손을 모았다. 세 사람도 함께 무릎을 꿇었다.

"하느님께서 제가 성물을 발견하도록 인도하셨습니다. 신비로운 힘이 넘치는 성물이었습니다. 때마침 제이슨이 찾아오지 않았다면, 아니 폐하께서 저를 찾지 않으셨다면 그 성물을 수도원까지 안전하게 옮길 수 없었을 것입니다. 그게 하느님의 뜻이 아니고 무엇이겠습니까? 그러니 이제 왕께서는 이 성물을 위해 새 성당을 지으셔야 합니다!"

윌리엄 왕은 깜짝 놀랐다.

"이런 때에 새 성당이라니요?"

"제가 교황청의 대주교님을 모시겠습니다. 폐하께서는 영주들을 불러 모으십시오. 그리고 그 자리에서 하느님의 뜻이 공주님께 있음을 발표하는 겁니다."

　교황청의 대주교가 자리한다는 것은 교회 전체의 인정을 받는다는 것을 뜻했다. 왕의 얼굴이 환하게 펴졌다.

4. 여왕이 된 안젤라

캘버른 왕국은 각 영지에 사람을 보내 성당 건축을 위한 예배에 참석하라는 소식을 전했다. 영주들은 모두들 어리둥절했다.

"왕의 건강이 소문처럼 심각하지 않은가 보군."

"대주교까지 모신다면 안 갈 수가 없지 않나."

"그렇지. 대주교라면 교회를 대표하는 인물이니 얼굴을 안 비칠 수 없지."

에머슨 신부도 교황청에 사람을 보냈다. 캘버른 왕국에서 신비한 성물을 위해 성당을 건축하고자 하니, 대주교가 와서 축복해 주기를 바란다는 편지를 전하기 위해서였다.

편지를 받아든 대주교는 곰곰 생각했다.

'에머슨 신부가 내게 부탁을 하다니. 더구나 윌리엄 왕까지 참석한다고?'

대주교는 꽤나 정치적인 사람이었고 대주교로서 자신의 위치를 굳건하게 할 기회를 놓칠 리가 없었다. 에머슨 신부와 나란히 서 있는 것만으로도 백성들에게 좋은 인상을 심어 줄 수 있을 것이었다. 대주교는 그 길로 모든 일정을 취소하고 수행원 몇 명만을 데리고 길을 나섰다.

대주교는 다른 사람보다 며칠 일찍 반우드 수도원에 도착했다. 그는 에머슨 신부를 보자마자 성물을 보여 달라고 했다. 그러나 에머슨 신부는 이런저런 핑계를 대며 시간을 끌었다. 성물을 공개하는 순간 예배는 절정에 이를 것이고, 바로 그때 왕위 계승 문제를 꺼낼 것이기 때문이었다. 대주교의 얇은 입술과 변덕스러운 성격을 믿을 수 없기 때문에 더더욱 비밀로 부칠 수밖에 없었다.

드디어 성당 건축을 위해 예배를 올리는 날이 밝았다. 예배를 위해 특별히 주문한 옷을 입으며 안젤라가 말했다.

"유모, 내가 잘할 수 있을까?"

메리가 소매 끝으로 눈물을 훔쳐 냈다.

"그럼요, 공주님은 어렸을 때부터 얼마나 영특하셨는데요. 더구나…….”

메리는 목소리를 가다듬었다.

"우리 같은 사람들에게 베풀어 주신 마음씨를 생각하면……. 그럼요! 위대한 여왕이 되실 겁니다요.”

안젤라는 가만히 눈을 감았다. 자신의 어깨에 이 나라의 운명이 걸려 있다는 생각, 아버지를 실망시켜서는 안 된다는 생각, 사냥을 갔다가 만난 농가의 여자 같은 사람들이 더 이상은 없어야 한다는 생각, 불안해하는 더글러스 백작의 코를 납작하게 해 주고 싶다는 생각……. 온갖 생각들이 안젤라의 머리를 스쳐 갔다. 그리고 제이슨의 얼굴이 떠올랐다. 안젤라는 그 모습을 지웠다. 이제 왕으로서 살아야 한다는 막중한 사명감 때문이었다. 잠시 후 생각을 정리한 안젤라에게서 더 이상 철없는 열다섯 살 소녀의 모습은 찾을 수 없었다.

그 시각, 반우드 수도원 성당으로 영주들이 속속 도착하고 있었다. 그들 중 몇은 여차하면 캘버른 왕국을 엎어 버리려는 속셈으로 수도원 밖에 대규모의 군사를 숨겨 두었다. 소문대로라면 윌리엄 왕의 목숨은 얼마 남지 않았고, 그에게 혈육이라곤 겨우 열다섯 살 난 안젤라뿐이었다. 시간을 지체하면 그 어린 소녀가 왕위를 잇게 될 것이다. 그러기 전에 강력한 군주를 세우는 것이 왕국을 위해서도 더 나은 길이라고 영주들은 생각했다. 그리고 그 중심에 찰스 공작이 있었다. 찰스 공작은 왕국에서 윌리엄 왕을 능가하는 군사력과 경제력을 갖고 있었다. 그는 윌리엄 왕의 먼 친척이기도 해서 혈통 상으로도 왕좌를 차지하기에 아무런 문제가 없었다.

한편 윌리엄 왕을 지지하는 영주들도 하나둘 도착하고 있었다. 그중 에드워드 백작은 영주임에도 불구하고 농부와 다름없는 생활을 해서 귀족들에게는 비웃음을, 백성들에게는 존경을 받았다.

귀족들과 성직자들뿐 아니라 각지에서 수많은 사람들이 수도원으로 몰려왔다. 성물에 대한 소문을 듣고 찾아온 것이다. 사람들은 기적을 원했다.

대주교 일행이 성당 안으로 들어서자 에머슨 신부가 그를 맞았다.

"어서 오십시오, 대주교 나리."

대주교가 주위를 둘러보았다.

"성물은 어디 있소?"

"조금만 참아 주십시오. 대주교님께서는 사람들 앞에서 처음으로 성물을 공개하시는 영광을 누리실 것입니다."

에머슨 신부는 대주교를 달래며 가장 가운데 자리로 안내하고,

나머지 사람들에게도 위치를 알려 주었다.

그리고 드디어 윌리엄 왕이 안젤라와 함께 사람들 앞에 모습을 드러냈다. 왕의 곁에는 언제나처럼 더글러스 백작이 있었다. 제이슨도 늠름한 모습을 보였다. 윌리엄 왕의 온몸에는 이미 독이 퍼져 있어 보통 사람이었다면 움직일 수조차 없었을 것이다. 그러나 윌리엄 왕은 마지막 힘을 냈다. 그는 웃으며 왕의 위엄을 지키려 노력했다. 안젤라는 그런 아버지의 모습을 지켜볼 수밖에 없었다.

왕과 공주, 영주들이 자리를 잡자 에머슨 신부는 백성들을 성당 안으로 들여보냈다. 모든 절차가 순조로이 진행되고, 성당 안이 조용해지자 에머슨 신부는 성물을 직접 가져왔다. 마침내 검은 천으로 덮은 물건이 들어오자 사람들은 그게 무엇인지도 모른 채 "오오!" 하고 탄성부터 질렀다.

에머슨 신부가 대주교에게 성물을 공개하라는 신호를 보냈다. 대주교는 긴장한 얼굴로 다가가 검은 천을 잡았다. 그의 손이 잠깐 떨리는가 싶더니 곧이어 검은 천을 들어 올렸다. 그러자 환한 빛이 뿜어져 나왔다. 유리 상자 속의 성모상에서 나오는 빛이었다.

"아아, 하느님!"

성당 안의 사람들은 모두 바닥에 엎드려 기도문을 외우고 눈물

을 흘렸다. 대주교마저도 정신이 나간 듯 바닥에 엎드렸다. 윌리엄 왕도 안젤라의 부축을 받아 무릎을 꿇었다. 그곳에서 제정신인 사람은 에머슨 신부뿐이었다. 신부는 대주교에게 속삭였다.

"대주교님, 어서 예배를 진행해 주십시오."

에머슨 신부의 재촉에 대주교는 그제야 정신을 차렸다. 그는 서둘러 일어나 흐트러진 옷매무새를 다듬었다. 그러고는 조금 전 자신의 모습을 만회하려는 듯이 과장된 몸짓으로 예배를 진행했다.

예배가 끝나 갈 즈음, 에머슨 신부가 대주교에게 다가갔다.

"잠시 제가 말씀을 올려도 될까요?"

대주교는 얼떨떨한 표정으로 고개를 끄덕했다. 에머슨 신부는 천천히 성모상 옆으로 다가가며 사람들의 이목을 집중시켰다.

"여러분, 보십시오. 성모께서 우리에게 찾아오셨습니다. 이렇게 환한 빛으로 오셨습니다. 우리를 선택하신 겁니다. 이제 우리는 이 성스러운 성모상을 위해 성당을 지어야 합니다. 지금보다 더 하느님과 가까이 할 수 있는 성당을 바쳐야 합니다. 윌리엄 왕께서 이에 대해 하실 말씀이 있으실 것입니다."

윌리엄 왕이 천천히 자리에서 일어났다. 그리고 엄숙한 목소리로 말을 하기 시작했다.

"하느님의 집을 짓는 것은 숭고한 일입니다. 또 얼마나 걸릴지 아무도 알 수가 없습니다. 단지 하느님만이 아시겠지요. 우리 모두는 이 일을 한마음으로 겸손하게 해 나가야 합니다. 언제 무슨 일이 생기더라도 흔들려서는 안 됩니다. 이 중대한 일을 위해 나는 오늘 왕위 계승에 대해 말하고자 합니다."

사람들이 술렁거렸다. 그러나 에머슨 신부가 만들어 놓은 분위기와 기적의 성모상 때문에 어느 누구도 선뜻 나설 수가 없었다.

"인간의 목숨은 하느님께 달린 것. 나는 미리 왕위 계승을 하여 새 국왕이 책임지고 성당을 완성하는 게 옳다는 판단을 내렸습니다. 나의 유일한 혈육인 안젤라 공주는 여왕이 되어 기필코 하느님의 집을 완성할 것입니다. 그것을 지금 이 자리, 이 기적의 성모상 앞에서, 그리고 고매하신 대주교님 앞에서 선포하는 바이오."

에머슨 신부는 영주들을 둘러보며 엄중한 목소리로 말했다.

"이제 모든 영주는 대주교님이 증인으로 서 계신 이 자리에서 새로운 왕이 되실 안젤라 공주께 충성 서약을 하시오."

영주들은 주위를 둘러보았다. 성당 안의 모두가 성모상 때문에 흥분해 있었다. 거의 모든 사람들이 충성 서약을 당연하게 여겼고, 그것을 거역한다는 것은 있을 수 없는 일이었다.

영주들이 하나둘 안젤라 앞에 무릎을 꿇었다. 그들이 차례로 안젤라에게 충성을 맹세하고 나자 에머슨 신부가 못을 박듯 말했다.

"이로써 영주들은 안젤라 공주 앞에 충성을 맹세하였소. 이 서약을 깨는 사람은 하느님을 모독하는 것으로, 지옥 불이 기다리고 있을 것이오."

대주교는 그때서야 이 모든 것이 새 여왕의 입지를 다지려는 에머슨 신부의 계략임을 눈치챘다. 대주교는 오늘의 예배가 어떤 의미인지를 뒤늦게 알아차렸지만 내색할 수는 없었다. 그러면 자신의 어리석음만 온 세상에 떠드는 꼴이 될 것이기 때문이었다. 대주교는 천연덕스럽게 남은 예배를 이끌어 나가야 했다.

고스란히 뒤통수를 맞은 영주들도 부글부글 끓는 속을 참아야 했다. 특히 가장 앞자리에 앉아 있던 찰스 공작의 얼굴은 온통 일그러져 있었다.

　그날 이후 왕국은 밤낮을 가리지 않고 안젤라의 즉위식 준비에 몰두했다. 기적의 성모상 덕에 대주교의 동의와 귀족들의 충성 서약까지 받아 냈지만, 정식으로 왕관을 써서 왕위에 올랐음을 알리는 의식을 치르기 전까지는 안심할 수 없었다. 즉위식은 안젤라의 왕권이 법에 어긋나지 않음을 재차 확인하는 의미이므로 가능하면 빨리 치러야 했다.
　한 달 뒤 캘버른 왕국은 안젤라의 즉위식을 치렀다. 안젤라는 법을 지키고, 교회를 수호하고, 정의를 행하겠다고 맹세했다. 그렇게 식을 치르고 나자 안젤라의 왕위 계승은 신성한 것이 되었다.

5. 에머슨 신부를 설득하다

선왕 윌리엄은 이제 거의 침대에서만 지냈다. 가끔 발작과 경기를 일으키기도 했고 말을 더듬는 일도 잦아졌다. 안젤라는 아버지의 건강을 돌보는 동시에 왕국의 안정을 꾀해야 했다. 그녀는 빛나는 왕관과 함께 수없이 골치 아픈 문제까지도 물려받은 것이다. 몇 년간의 흉년으로 왕국의 살림은 파탄 직전이었고 왕국의 힘은 미약했다.

안젤라는 우선 왕실의 빈자리를 채워 나갔다. 그녀는 더글러스 백작과 윌리엄의 의견을 받아 서기관, 판사, 치안관 등을 새로 임명했다. 그리고 에드워드 백작을 중심으로 작은 영지의 영주들을 불러들여 성 밖을 지키게 했다. 언제고 불만을 품은 무리들이 쳐들어올 수 있기 때문이었다. 제이슨에게는 궁정 경비 대장을 맡기면서 기사들과 군사들을 잘 훈련하라는 명령을 내렸다.

안젤라는 하루 일과가 끝나면 늘 윌리엄의 침대맡에 앉아 이런 저런 공부를 하며 지냈다. 윌리엄이 그런 여왕을 안타깝게 바라보았다.

"안젤라."

"네?"

"왕의 힘만으로 왕국을 다스릴 수는 없단다."

안젤라는 아버지의 다음 말을 기다렸다.

"에머슨 신부를 찾아가서 도움을 청해라. 그분은 네게 맞는 답을 알려 주실 거다."

"그분이 저를 도와주실까요?"

"네가 공정하고 백성들을 위해 애쓴다면 모른 척하지는 않을 게다."

다음 날, 안젤라는 제이슨을 데리고 반우드 수도원으로 갔다. 신부는 웃으며 안젤라 일행을 맞았지만, 안젤라가 자신이 온 뜻을 밝히자 고개를 저었다.

"전 신부입니다. 하느님의 사람으로서 제가 할 일은 따로 있지요."

"그건 비겁한 말씀이에요."

안젤라의 당돌한 말에 에머슨 신부의 눈이 둥그레졌다.

"하느님께서도 사람들이 힘들게 사는 것을 원하지 않으실 거예요. 안정된 왕국에서 평화롭게 살기를 원하실 거예요. 고통 속에 있는 사람들 옆에서 기도만 하는 것을 바라지는 않으실 거예요."

안젤라는 솔직하고 당당했다.

"신부님께서 저를 여왕의 자리에 앉히셨으니 함께 책임을 나눠야 하지 않겠어요?"

에머슨 신부가 하하 웃음을 터뜨렸다.

안젤라가 여태까지와는 다른 태도로 두 손을 모았다.

"저는 지금 절박한 심정으로 신부님을 찾아온 겁니다. 무엇을 어떻게 해야 할지 모르겠습니다. 견문이 넓고 세상일을 잘 아시는 신부님의 도움이 절실히 필요합니다."

에머슨 신부는 안젤라를 달래듯 말했다.

"영주들도 당분간은 반역을 꿈꾸지 못할 것입니다. 그동안 왕국의 기초를 굳건히 다져야 합니다. 그러지 못하면 그들은 반란을 일으킬 명분을 꾸밀 것입니다. 여왕님이 왕국을 다스릴 재목이 아니라는 여론을 퍼뜨리려고 하겠지요."

"어떻게 하면 튼튼한 왕국을 건설할 수 있을까요?"

에머슨 신부가 손을 들어 성당 건물을 가리켰다.

"여왕님, 왕국을 건축물이라고 한번 상상해 보시지요. 건축물에서 가장 중요한 것은 기초입니다. 기초가 튼튼해야 기둥이 세워지고 지붕이 올라가지요. 그런데 기초가 허약하면 아무리 멋진 건물을 짓는다고 해도 결국 무너져 내릴 것입니다."

"그렇겠지요."

"그렇다면 왕국에서 건축의 기초에 해당하는 것이 무엇이겠습니까?"

안젤라는 에머슨 신부의 질문을 깊이 생각해 보았다. 그리고 대답했다.

"백성들이라고 생각합니다."

에머슨 신부는 놀라워하며 말을 이었다.

"훌륭하십니다! 그럼 백성들이 가장 원하는 것이 무엇이라고 생각하십니까?"

안젤라는 켈른에서 만난 농부의 아내를 생각했다.

"우선 굶지 않고 배부르게 먹을 수 있어야겠지요."

언젠가 아버지에게 들었던 말들도 떠올렸다.

"또한 외적들의 침략으로 죽거나 노예가 되지 않고 안전하게 살아가는 것을 원할 것입니다."

"정말 영특하시군요. 그렇게 백성들의 소망을 제대로 알고 그 소망을 이루어 주는 것이 바로 왕국의 기초를 다지는 길입니다."

"구체적으로 어떻게 해야 소망을 이루어 줄 수 있을까요?"

안젤라의 진지한 모습에 에머슨 신부가 고개를 끄덕였다.

"여왕께서는 백성들이 왜 못산다고 생각하십니까? 그들이 게을러서, 열심히 일하지 않아서일까요?"

"그렇지 않습니다! 농부들은 새벽부터 저물녘까지 허리가 휘도록 땅을 일굽니다. 대장장이들은 손이 두터워지도록 쇠를 달구고 두드립니다. 그렇게 열심히 일하는데도 왜 끼니 걱정을 하며 살아야 하는지 저는 늘 이해가 가지 않았습니다."

"여왕님께서는 어찌 그런 것을 아십니까?"

제이슨이 끼어들었다.

"여왕님께서는 화려한 의상이나 반짝이는 보석보다 주님을 섬기는 일과 공부를 더 즐기시지요. 평소 사냥과 외출을 좋아하셔서 백성들과의 접촉도 잦으셨습니다. 그래서 세상이 돌아가는 실정을 어느 정도 알고 계시지요."

케이트도 거들었다.

"여왕님께서는 우리 하인들과도 소탈하게 잘 어울리세요."

안젤라는 손을 휘저어 그들의 말을 막았다.

"신부님, 저는 쾰른에서 처참하게 살아가는 한 여인을 보았습니다. 그 여인은 굶주리고 지쳐 악밖에는 남은 것이 없어 보였습니다. 여인의 고통이 이 왕국의 잘못인 것만 같아 괴로웠습니다."

안젤라는 에머슨 신부를 똑바로 보았다.

"제가 왕국을 제대로 다스릴 수 있도록, 그래서 그 여인의 고통을 덜어 줄 수 있도록 도와주세요."

에머슨 신부는 한동안 생각에 잠겼다. 그리고 마침내 고개를 끄덕였다.

"좋습니다. 여왕님을 돕겠습니다. 하지만 힘든 일들이 기다리고 있을 것입니다."

"각오하고 있습니다."

에머슨 신부는 안젤라에게 의자를 더 당겨 앉기를 청했다. 그리고 본격적으로 이야기를 시작했다.

"자, 켈른에서 만난 여인의 고통이 왕국의 잘못 같다고 하셨지요? 맞습니다. 백성들이 가난에서 벗어나지 못하는 것은 그것이 개인의 문제가 아니라 영지의 문제이고 왕국의 문제이기 때문입니다."

"해결책이 있을까요?"

"'경제'를 아셔야 합니다. 일단 곤경에 빠진 영지들의 상황부터 조사해 보십시오. 각 지역마다 부족한 것과 넘치는 것이 있을 것입니다."

안젤라가 대답했다.

"알겠습니다. 당장 그렇게 하지요. 그리고 또 제가 할 일은 없을까요?"

"조급해하지 마십시오. 이 조사는 시간이 걸리기 마련입니다. 지금은 사람들의 마음을 다스려야 합니다. 일단은 성당 건축에 전념하는 모습을 보여 주십시오."

안젤라는 에머슨 신부의 설명을 들으니 조금은 숨통이 트이는 것 같았다.

안젤라의 경제학 노트 1

경제란 무엇인가?

나, 안젤라는 왕국을 잘 다스리고 싶어. 백성들이 마음 편히 잘살기를 바라지. 그러려면 가장 먼저 **경제**를 알아야 한대.

경제란 뭘까? 사람들은 끊임없이 무언가를 원하곤 해. 맛있는 음식을 먹고 싶어 하고, 요즘 유행하는 옷을 입고 싶어 하지. 그래서 누군가는 돈을 주고 물건을 사고, 다른 누군가는 새로운 물건을 만들어 팔기도 해. 경제는 이처럼 사람들이 자신의 욕망을 채우기 위해 필요한 것을 구입하거나 만들고, 판매하는 활동 전체를 가리켜. 즉 경제학은 우리가 살아가는 데 필요한 것을 생산하고, 유통하고, 소비하는 모든 과정을 연구하는 학문이야.

사실 우리 생활에 경제와 관련되지 않은 것은 없어. 우리가 원하고 필요로 하는 것들은 굉장히 다양하고, 모두 허공에서 뚝 떨어지는 게 아니거든. 일단 의식주와 관련한 물건은 다 여러 사람의 경제 활동 덕분에 만들어졌어. 누군가가 열심히 만들어 낸 옷과 음식 그리고 집은 정당한 값을 주고 구매해야 해. 게다가 눈으로 볼 수 없는 서비스를 주고받는 것도 경제 활동이야. 빵을 굽거나 옷을 짓는 일과 마찬가지로, 음악을 연주하거나 연극을 공연하는 것도 사람들이 원하는 것을 만들어 낸 경제 활동이라는 거지.

자, 그럼 이제부터 새로운 물건이 만들어지고, 시장에서 거래되고, 우리 손에 들어오기까지 무슨 일들이 벌어지는지 에머슨 신부님과 함께 차근차근 알아 나가 보겠어. 경제의 기본 원리를 공부하다 보면 캘버른 왕국을 다시 일으켜 세우고 백성들을 가난에서 벗어나게 할 방법을 찾을 수 있을 거야.

그 전에 우선 배부터 든든히 채워 볼까? 그래야 머리도 잘 돌아가거든……. 가만! 그러고 보니 이렇게 내가 무언가를 먹고 공부를 하는 것도 다 경제와 관련이 있다는 거네?

6. 윌리엄 왕의 죽음

안젤라가 에머슨 신부를 만난 이야기를 듣고 윌리엄이 말했다.
"에머슨 신부의 첫 번째 과제에 맞춤한 사람이 있다. 그를 꼭 네 사람으로 만들어라."

그 사람은 왕국의 재정을 관리하는 위슬리 자작이었다. 안젤라는 날이 밝자마자 바로 위슬리 자작을 불렀다. 그는 말이 없고 날카로운 사람이었다. 그러나 맡은 일에 충실하고 능력 있는 사람이었다.

"왕국의 경제 상태를 알고 싶습니다. 자세히 말해 주세요."

위슬리 자작은 여왕의 부름을 받고 왕국의 재정 상태를 알려 줄 서류와 지도 등을 미리 준비해 왔다. 위슬리는 자료들을 책상 위에 길게 펼쳤다.

"이곳은 양털을 많이 걷는 곳이고, 저곳은 밀이 많이 자라는 곳입니다. 여기는 도로를 중심으로 시장이 형성되어 있고, 저쪽 언덕에서는 광물이 많이 납니다."

"문제가 있는 곳은 없나요?"

"사실 문제 없는 곳을 찾기가 어렵다고 말씀드리는 게 옳을 것 같습니다. 지난 몇 년 동안 계속 흉년이 들어 거의 모든 지역의 백성들이 굶주림에 시달리고 있습니다."

위슬리 자작은 괴로운 신음을 토해 내는 안젤라를 바라보았다.

'저렇게 어린 나이에 이 어지러운 왕국을 감당할 수는 없을 거야. 아마도 왕 흉내만 대충 내다 말겠지.'

한참 지도를 살펴보던 안젤라가 무겁게 입을 열었다.

"한꺼번에 모든 문제를 해결할 수는 없겠지요. 차근차근 단계를 밟아야 할 거예요. 그러려면 더 자세한 자료가 필요해요."

안젤라가 몸을 뒤로 젖히며 말했다.

"이제 위슬리 자작에게 명령합니다. 지금부터 당장 각 영지의 특징과 문제점을 찾으세요. 책상 위에서 말고 직접 가서 눈으로 확인하고 보고하세요."

그 순간 위슬리 자작은 지금 자기 앞에 앉은 사람이 작은 소녀가 아니라 한 왕국을 책임지고 있는 크고 단단한 왕이라는 생각이 들었다. 자작은 허리를 굽혔다.

"분부대로 하겠습니다."

에머슨 신부는 거의 매일 왕궁에 들러 안젤라에게 차근차근 경제 개념을 가르치기 시작했다.

"여왕님, 세상에는 많은 나라가 있습니다. 그런데 그중 어느 나라는 부유하고 또 어느 나라는 가난하지요. 왜 그런 차이가 생기는 걸까요?"

"글쎄요……. 부유한 나라는 금화를 많이 가지고 있어서 잘사는 거 아닌가요?"

"물론 부유한 나라에는 금화가 많지요. 그런데 제 질문은 '어떻게 해서 그 나라가 많은 금화를 갖게 되었느냐?'라는 것입니다. 부유하게 된 원인이 무엇이냐는 것이지요."

"그러니까 금화가 많은 게 부의 원인은 아니라는 말씀이지요?"

"그렇습니다. 부유하기 때문에 결과적으로 많은 금화를 갖고 있는 거지요. 예를 들어 볼까요? 여기 부유한 대장장이가 있습니다. 대장장이는 많은 재산을 가지고 있고 금고에는 금화가 가득 있습니다. 자, 이 대장장이는 어떻게 해서 그렇게 많은 금화를 가진 부자가 되었을까요?"

안젤라가 눈을 가늘게 떴다.

"그러니까 대장장이가 갖고 있는 금화는 그가 부자가 된 원인이 아니라 결과라는 말씀인데……. 그건 그 사람이 다른 대장장이보다 물건을 만드는 기술이 뛰어나거나 부지런하기 때문이 아닐까요?"

"그렇습니다. 경제학적으로 표현하면, 그가 다른 사람보다 '생산성'이 높기 때문이지요."

"생산성? 생산성이 뭔가요?"

"생산성이란 한 사람이 일정한 시간 동안 얼마나 많은 재화와 용역을 만들어 내는지를 비교하는 개념입니다."

안젤라가 이마를 찡그렸다.

"재화와 용역은 또 뭐죠?"

"재화는 우리가 보고, 만지고, 무게를 잴 수 있는 물건들을 말합니다. 옷, 빵, 칼 같은 것들이 재화에 속하지요. 반면에 용역은 물건이 아닙니다. 그래서 만지거나 무게를 잴 수는 없습니다. 예를 들면 악기 연주나 머리 손질 등이 용역입니다. 비록 물건이 생기는 것은 아니지만 우리의 욕망을 충족해 주는 행동이기 때문에 돈을 내지요."

안젤라가 고개를 끄덕이며 말했다.

"그렇군요. 그럼 아까 말씀하시던 생산성에 대해 다시 말씀해 주세요."

"여기 스톤이라는 대장장이가 있습니다. 그가 하루에 쟁기 날을 두 개 만들어 낸다고 칩시다. 그런데 옆집의 대장장이는 똑같은 쟁기 날을 하루에 하나밖에 못 만듭니다. 그러면 스톤은 옆집의 대장장이에 비해 같은 시간 동안 몇 배의 물건을 생산한다고 할 수 있을까요?"

"당연히 두 배지요."

"그렇죠? 이럴 때 우리는 스톤이 옆집 대장장이에 비해 생산성이 두 배로 높다고 말하는 겁니다."

"아하, 그렇군요!"

에머슨이 빙그레 웃었다.

"자, 그럼 다시 원래의 질문으로 돌아가 볼까요? 한 국가를 부유하게 혹은 가난하게 만드는 가장 중요한 요인이 무엇일까요?"

안젤라는 잠시 망설이다가 말했다.

"대장장이의 예를 보면 생산성이라는 게 제일 중요한 거 같은데요……."

"바로 그것입니다! 여왕님은 참으로 훌륭한 학생이십니다."

안젤라가 머쓱하게 웃었다.

"하지만 아직도 뒤죽박죽 잘 모르겠어요."

"여왕님은 솔직한 학생이기도 하십니다, 하하."

에머슨 신부는 한바탕 웃은 뒤 다시 설명을 시작했다.

"생산성이 높은 대장장이가 남들보다 더 많은 쟁기 날을 만들 수 있는 것처럼, 평균 생산성이 높은 국가는 다른 국가들에 비해 더 많은 재화와 용역을 생산할 수 있습니다. 이처럼 백성들에게 필요한 재화와 용역을 더 많이 생산할 수 있는 국가가 당연히 더 부유한 나라가 될 수밖에 없지 않겠습니까?"

"그러니까 국가가 부유해지는 원천은 생산성이라는 말이군요. 그러면 어떻게 해야 우리 왕국의 생산성을 높일 수 있을까요?"

에머슨 신부가 막 입을 떼려는데 제이슨이 급히 들어왔다.

"여왕 폐하!"

안젤라가 제이슨을 꾸짖었다.

"무슨 일이 있어도 방해하지 말라 하지 않았는가!"

그러나 제이슨의 다음 말에 안젤라는 벌떡 자리에서 일어섰다.

"선왕께서 위독하시답니다!"

에머슨 신부도 놀라 일어섰다. 그리고 세 사람은 아무 말 없이

선왕의 처소로 향했다.

안젤라는 방문 앞에 다다라서야 자기 뺨에 눈물이 흐르고 있음을 알았다.

'나는 여왕이야. 사사로운 감정을 내비치는 건 옳지 않아. 아버지도 분명 나약한 내 모습을 보고 싶지 않으실 거야.'

안젤라는 눈물을 훔쳐 내고 방 안으로 들어갔다. 아버지 윌리엄이 의사들도 놀랄 만큼 목숨을 유지했던 것은 어린 자신에게 왕국을 맡긴 것이 미안하고 걱정되었기 때문이라는 것을 안젤라는 알고 있었다. 이제 안젤라는 오롯이 혼자 힘으로 캘버른 왕국을 이끌어 가야 한다. 그리고 아버지의 선택이 틀리지 않았음을 보여 주어야 할 것이다.

윌리엄은 온몸에 독이 퍼져 피부가 얼룩덜룩했지만 미소로 딸을 바라보았다. 안젤라도 웃으며 윌리엄의 손을 잡았다. 눈물을 쏟으며 허둥댈 줄 알았던 안젤라가 담담하고 의연하게 선왕의 임종을 지키자 모두가 숙연하게 그 뒤를 따랐다.

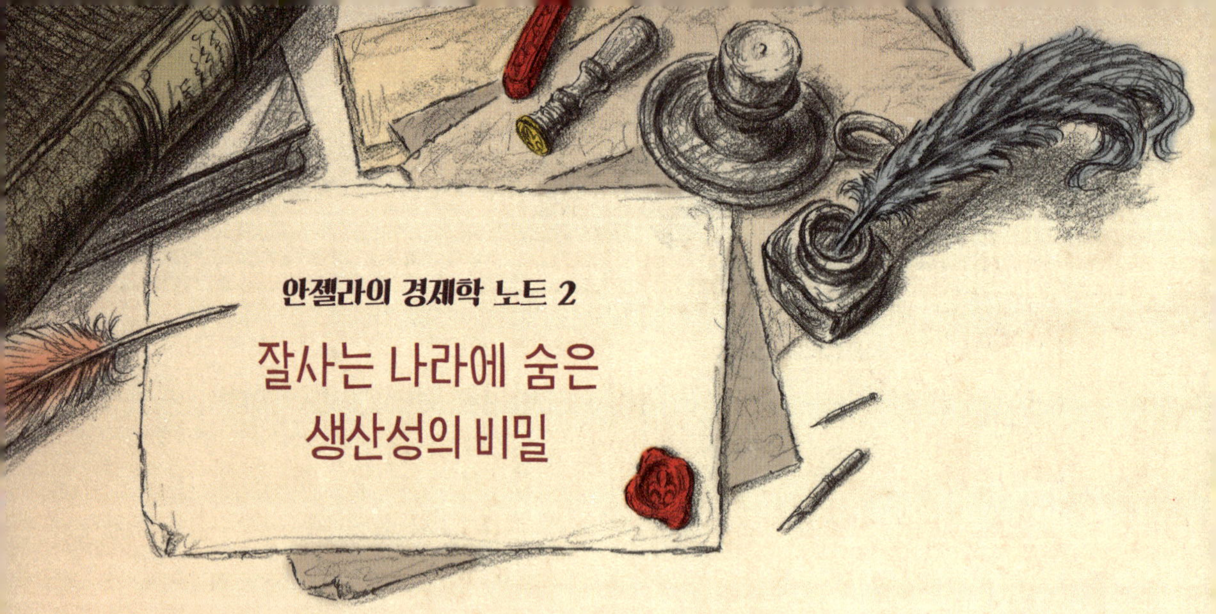

안젤라의 경제학 노트 2
잘사는 나라에 숨은 생산성의 비밀

난 늘 궁금했어. 왜 어느 나라는 잘살고 어느 나라는 가난한지 말이야. 마침 에머슨 신부님이 그 이유를 알려 주셨어. 바로 **생산성**이 높으면 그 나라는 잘사는 나라래.

생산성이 뭐냐고? 생산성을 알려면 생산이 무엇인지부터 알아야겠지? 생산이란 우리 생활에 필요한 **재화** 혹은 **용역**을 만들어 내는 행동이야. 폭신한 빵을 만드는 것도 생산이고, 선생님이 학생을 가르치는 것도 생산이야. 여기서 빵은 재화, 학생을 가르치는 것은 용역이야.

재화는 형태가 있는 물건을 말해. 우리가 보고, 만지고, 무게를 잴 수 있지. 반대로 용역은 형태가 없는 서비스야. 물건이 아니기 때문에 만지거나 무게를 잴 수는 없지. 하지만 우리는 다른 사람에게 용역을 받으면 대가를 지불해야 해. 왜냐고? 음악 감상이나 머리 손질 같은 용역은 빵과 마찬가지로 우리 생활을 만족스럽고 편리하게 해 주기 때문이지. 이러한 재화와 용역을 한 사람이 일정한 시간 동안 얼마나 많이 생산해 내는지를 비교하는 개념이 바로 생산성이야.

이제 처음으로 돌아가 보자. 왜 어느 나라는 잘살고 어느 나라는 못 사는지에 대한 내 궁금증 말이야. 파머라는 농부가 있어. 매년 밀 100포대를 수확하는 영지에서 경작하고 있었지. 그런데 새로 개발된 쟁기를 사용했더니 밀을 150포대나 수확한 거야. 예전보다 50포대를 더 생산할 수 있게 된 거지. 새 쟁기를 사용하지 않은 옆집 농부는 이전과 같이 밀 100포대를 수확했는데 말이야. 즉 파머는 옆집 농부보다 생산성이 엄청나게 높아진 거야. 마찬가지로 생산성이 높은 나라는 다른 나라들보다 더 많은 재화와 용역을 생산해서 더 부유한 나라가 되는 거야.

돌아가신 나의 아버지 윌리엄 왕도 늘 잘사는 나라를 꿈꾸셨어. 왕과 귀족만이 잘사는 게 아니라 모든 사람들이 잘사는 나라를 말이야. 나 역시 그런 나라를 만들고 싶어.

7. 수상한 움직임

선왕 윌리엄이 죽었다는 소식을 듣자마자 찰스 공작은 주변 사람들을 불러들였다. 그는 안젤라에게 청혼을 했다가 거절당한 이후 그 모욕을 배로 갚아 주려고 분노를 곱씹고 있었다.

찰스가 다스리는 영지 드라이크로 영주들이 속속 모이는 것을 보며 백성들은 불안에 떨었다. 다시 전쟁이 시작되려는 것인가. 안젤라도 찰스 공작의 움직임을 지켜보고 있었다. 그래서 제이슨에게 드라이크의 분위기를 살피고 오라고 명령했다.

임무를 마치고 돌아온 제이슨이 접견실로 들어왔다.

"지금 당장 움직일 것 같던가?"

"무기며 식량이며 닥치는 대로 모아들이고 있습니다만 군사들의 직접적인 움직임은 아직 없습니다. 무언가 계기를 기다리는 것 같았습니다."

"내가 실수하기를 기다리는 거겠지."

안젤라는 고개를 들어 창밖을 보았다. 어느덧 여름이었다. 봄이 왔다고 사냥 갈 생각에 들떴던 때가 까마득한 옛날 같았다. 할 수만 있다면 켈튼으로 사냥을 갔던 바로 그날 이전으로 시간을 되돌리고 싶었다. 그러나 아버지는 돌아가셨고 영주들은 호시탐탐 기회만 엿보고 있는 것이 현실이었다. 재정 상태가 엉망인 왕국을 어디서부터 어떻게 바로잡아야 할지 막막하기만 했다. 이 복잡하게 얽힌 끈의 첫 매듭을 풀 위슬리 자작은 아직 돌아오지 않고 있었다.

안젤라는 에머슨 신부를 불러들였다. 윌리엄이 죽은 뒤 1주일 만이었다. 에머슨 신부가 그녀의 건강을 걱정하자 안젤라가 씁쓸하게 웃었다.

"그렇죠? 이 좋은 날씨에 사냥이라도 나가면 뭔가 훌훌 털어 버릴 수도 있을 거 같은데, 제 뒤통수를 노리는 사람들이 좀 많아야지요. 그러니 공부라도 열심히 해 두는 게 낫겠지요? 제 기억으로는……. 국가가 부유해지는 근본적인 바탕이 생산성이라는 것까지 배웠던 거 같은데요."

"여왕님의 불안한 마음은 충분히 이해합니다. 하지만 당장 걱정하실 필요는 없습니다. 아무리 몇몇 영주들의 힘이 실질적으로 더 세다고 하더라도 지금은 움직이지 않을 겁니다. 신께서 인정한 국왕은 여왕님뿐이니까요. 그런 여왕님을 밀어내고 왕좌를 차지한들 진정한 왕으로 대접받기는 어려울 것입니다. 어느 누구도 그런 상황은 바라지 않겠지요. 그들이 바라는 것은 여왕님께서 조만간 어떤 실수를 저질러서 백성들의 신뢰를 잃는 상황입니다. 그렇게 되면 명분을 갖고 여왕님의 폐위를 주장하겠지요."

안젤라가 한숨을 푹 쉬었다.

"아마도……. 곧 그리 되겠지요."

에머슨 신부가 고개를 저었다.

"아닙니다. 지금까지 폐하께서는 아주 훌륭하게 해내고 계십니다. 이제 경제 문제를 차근차근 풀어 나가신다면 왕국은 점차 힘을 얻을 것이고, 어느 누구도 함부로 여왕님께 대항하지 못할 것입니다."

"그러기를 바라야지요. 그러니 어서 지난 시간의 제 질문에 답해 주시겠어요? 어떻게 해야 왕국의 생산성을 높일 수 있죠?"

에머슨 신부도 자세를 바로잡고 이야기를 시작했다.

"알겠습니다. 그럼 제가 여행을 다니다가 느낀 것을 말씀드리지요. 저는 여러 나라를 여행했습니다. 순례 여행도 가고 교회의 일 때문에 돌아다니기도 했지요. 그런데 부유한 나라들은 한 가지 공통점이 있더군요."

"그게 무엇인가요?"

"모두 활기 넘치는 시장이 발달해 있었습니다."

"시장요?"

"예, 그렇습니다. 여왕님께서는 혹시 시장에 가 보신 적이 있습니까?"

"물론이지요."

"그렇다면 시장이 무엇을 하는 곳인지 아시겠군요?"

"당연히 물건을 사고파는 곳이지요."

"그렇습니다. 그것을 학문적으로 표현하면 '교환'이라고 합니다."

안젤라가 중얼거렸다.

"시장은 교환을 하는 곳이다……."

"만약 시장이 없다면 무슨 일이 벌어질까요?"

"물론 교환을 할 수 없겠지요. 학문적으로 말씀드린다면 말이에요."

에머슨 신부가 하하 웃었다.

"그렇습니다. 시장이 없다면 내가 필요한 물건을 시장에서 구할 수가 없겠지요."

"그럼 내가 필요한 물건은 어디서 구해야 하죠?"

"그게 바로 제가 여쭙고 싶었던 말입니다! 시장이 없다면 필요한 물건을 어떻게 마련해야 할까요?"

안젤라가 이마에 주름을 잡으며 말했다.

"글쎄요? 어떻게 해야 하죠?"

"필요한 물건을 모두 스스로 만들어야 합니다. 그런 경제 형태를 '자급자족 경제'라고 한답니다."

안젤라가 놀라 물었다.

"스스로 만들어야 한다고요? 어떻게요?"

"농기구를 만들어 농사를 짓고, 직접 천을 짜서 옷도 만들어 입어야지요."

안젤라가 자신의 옷을 내려다보며 한숨을 쉬었다.

"저는 바느질 솜씨가 형편없는데……. 세상에서 가장 초라하고 볼품없는 옷을 입어야겠네요."

에머슨 신부가 안젤라를 보며 미소 지었다.

"지금 여왕님은 경제의 가장 중요한 원리를 이해하신 겁니다. 즉 시장이 존재하고 그 시장에서 서로 필요한 물건을 교환할 수 있기 때문에 우리들의 생활 수준이 향상된다는 것을 말입니다."

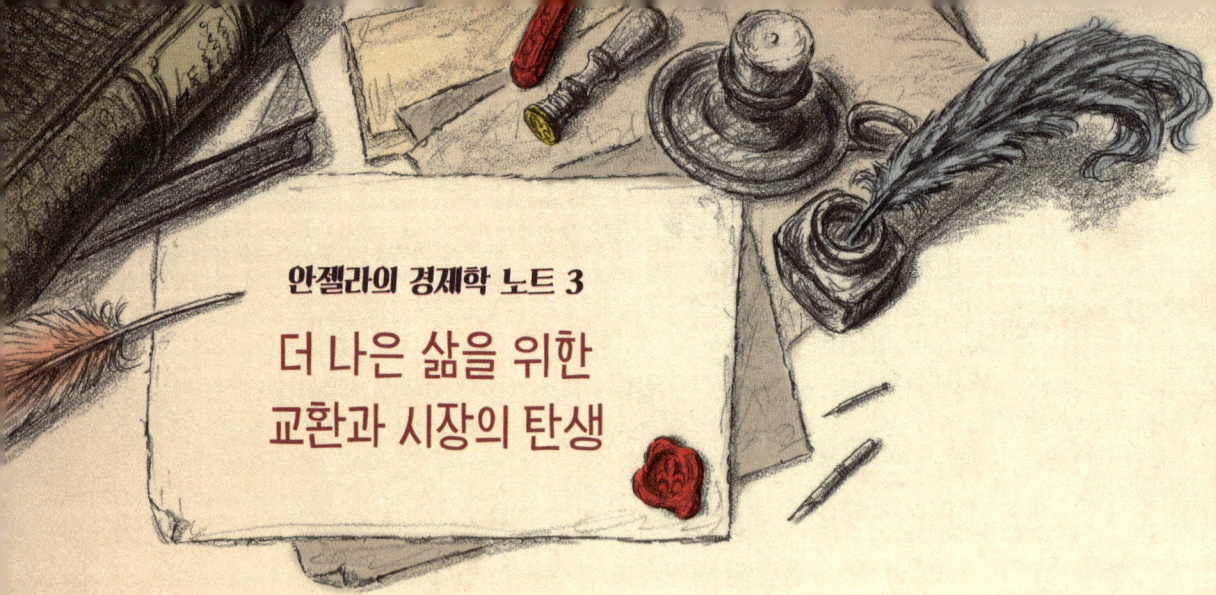

안젤라의 경제학 노트 3
더 나은 삶을 위한 교환과 시장의 탄생

인간은 일상생활에서 늘 **교환**을 해. 다양한 욕망을 품고 살아가는 인간에게 교환은 매우 자연스러운 행동이지. 인간 말고 다른 동물이 교환이라는 행동을 하는 걸 상상이나 할 수 있겠어? 가령 집에서 키우는 강아지들이 "내 사료랑 네 간식을 바꿔 먹지 않을래?" 하면서 서로 먹이를 교환한다던가 하는 걸 말이야.

만약 교환을 할 수 없다면 어떤 일이 벌어질까? 내게 필요한 물건을 어떻게 구해야 하지? 놀라지 마. 필요한 물건은 모두 스스로 만들어야 해. 농사도 짓고 빵도 굽고 천을 짜서 옷도 지어 입고……. 이 모든 걸 직접 다 해내야 하는 거야. 이러한 경제 형태를 **자급자족 경제**라고 하는데, 자급자족하는 경제 상태에서라면 농부는 생선 한번 먹어 보기 힘들 거야. 언제 농사일을 다 하고 고기까지 잡아올 수 있겠어?

반대로 교환이 가능하다고 생각해 봐. 어부와 농부는 서로 생선과 밀을 맞바꿀 수 있겠지? 둘은 교환이 없을 때보다 밥상을 훨씬 더 풍족하게 차릴 수 있을 거야. 이렇게 사람들끼리 서로 재화를 맞바꾸는 경제 형태를 **교환 경제**라고 해.

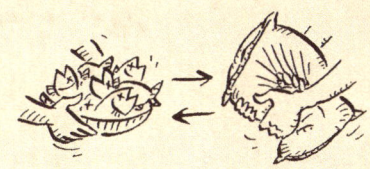

그런데 교환을 할 때마다 알맞은 상대방을 찾아 여기저기 헤매고 다녀야 한다면 여간 불편한 게 아닐 거야. 예를 들어 볼까? 농부가 생선을 구하기 위해 밀을 싸들고 어부를 찾아 갔어. 하지만 어부는 이미 밀을 넉넉하게 구해 두어서 생선을 채소와 맞바꾸기를 원하고 있어. 교환이 이루어질 수가 없겠지? 농부는 다시 짐을 짊어지고 밀을 필요로 하는 사람을 찾아 나서야 할 거야.

이때 교환을 원하는 사람들끼리 정해진 시간과 장소에 모여서 거래하기로 약속하면 훨씬 일이 편리해져. 내 물건을 원하는 사람도 찾기 쉽고, 내가 필요로 하는 물건을 가진 사람도 찾기 쉽고……. 그래서 **시장**이 탄생한 거야. 시장은 원활하고 활발한 교환을 위해 인간이 만들어 낸 위대한 발명품이라고 할 수 있어.

이제 왜 자급자족 경제보다 교환 경제에서 우리들의 생활이 나아지는지, 왜 교환 경제에서는 시장이 꼭 필요한지를 알겠어.

마침 메리가 시장에 간다고 하네? 나도 따라가 보아야지. 모든 게 새롭게 보일 것 같아.

8. 첫걸음을 떼다

 드디어 위슬리 자작이 돌아왔다. 안젤라는 위슬리 자작이 새로이 내놓은 지도를 살펴보았다. 특히 켈른 지방을 눈여겨보았다.
 "이곳은 어떻던가요?"
 "켈른은 땅은 기름졌으나 농기구가 부족해서 생산량이 만족스럽지 못합니다. 더구나 몇 년간 가뭄과 홍수가 번갈아 오는 바람에 백성들의 형편이 말이 아니었습니다. 그리고……."
 안젤라가 계속하라고 손짓했다.
 "그곳 영주의 횡포가 심했습니다."
 "스미스 백작이지요? 나도 한 번 본 적이 있습니다."
 안젤라는 사냥을 갔던 그날이 떠올라 자기도 모르게 얼굴을 찡그렸다. 그러다 문득 에머슨 신부에게 배운 시장의 역할을 여기에서 시험해 보면 어떨까 하는 생각이 들었다.

"켈른에는 시장이 없나요?"

"있기는 하나 그리 활발하지는 않아 보였습니다."

"켈른 근처에 농기구를 만드는 곳은 있나요?"

위슬리가 고개를 갸웃했다.

"농기구를 만드는 곳은……. 하지만 무기를 만드는 곳은 있었습니다. 왕궁 오른쪽에 자리 잡은 핸오키라는 곳이지요. 핸오키에서는 대대로 무기를 만들어 성에 공급했습니다."

핸오키는 작은 영지로 땅이 황폐한 곳이었다. 그 대신 철기구를 만드는 장인들이 많은 곳으로 유명했다. 농사도 짓기는 하지만 생산량은 그야말로 있으나 마나 한 수준이라 늘 밀과 다른 먹거리들을 수입하고 있었다. 그런 데다가 최근 젊은 영주가 아버지의 뒤를 이었는데 영지 관리가 부실하다는 소문이 들려왔다.

그날 밤 안젤라는 에머슨 신부에게 켈른과 핸오키의 처지를 설명하고 조언을 구했다. 에머슨 신부가 잠시 생각한 후 말했다.

"먼저 지금까지 공부한 내용을 다시 생각해 볼까요? 시장이 발달하기 전에는 모든 물품을 자급자족할 수밖에 없다는 점은 이미 말씀드렸지요? 시장이 발달하면 필요한 물건을 시장에서 구할 수 있다는 것도 말씀드렸습니다. 누구는 농사만 짓고, 누구는 대장일만 할 수 있는 거지요. 이렇게 각자가 잘할 수 있는 일을 나누어 그 일에만 집중하는 것을 '분업'이라고 합니다."

"분업. 또 새로운 용어가 나왔네요."

"예, 설명해 드리지요. 우리가 입는 옷을 생산하는 과정을 한번 생각해 보세요. 먼저 양을 키워서 양털을 생산해야겠지요? 그러고 나서 양털을 사용해 천을 짭니다. 마지막으로 천을 자르고 기워야 비로소 우리가 입는 옷 한 벌이 완성됩니다."

"그렇게나 많은 과정이 필요하군요."

"우리가 매일 먹는 빵은 어떨까요? 먼저 농부가 밀을 생산해야지요. 그다음엔 방앗간에서 밀알의 껍질을 깐 다음 밀가루를 만들어 냅니다. 마지막으로 밀가루를 사용해서 빵을 굽지요."

안젤라가 질렸다는 표정을 지었다.

"입는 거, 먹는 거. 이게 다 보통 일이 아니군요."

"실제로는 더 복잡하지요. 그러니 어떻게 한 사람이 동시에 여러 가지 일을 잘 해낼 수 있겠습니까? 모든 일을 스스로 해야 하는 경제 구조에서는 국민들의 생활 수준이 낮을 수밖에 없습니다."

"그렇겠어요. 자급자족 경제 상태에서는 지금 내가 입는 옷들과 평소 먹는 음식들을 절대 쉽게 구할 수 없을 것 같아요."

안젤라의 탄식에 에머슨 신부가 미소를 지었다.

"걱정이 되십니까? 하지만 시장이 발달하면 자기에게 맞는 일만을 전문적으로 하고 나머지는 시장에서 교환을 통해 구하면 됩니다. 분업은 노동의 전문화를 통해 생산성을 높여 줍니다. 폐하께서도 이미 이해하신 내용이지요. 그리고 분업을 가능하게 하는 것이 바로 시장의 발달입니다."

"시장이 정말 중요하군요."

"그렇지요. 자, 그러면 이제 정말 따져 봐야 합니다. '우리 왕국은 시장이 발달되어 있는가?' 하는 점을요."

안젤라가 곰곰 생각했다.

"여기저기 시장들이 있는 건 알겠지만……."

"그렇습니다. 소규모로 있지만 활발하지는 않지요."

"그러면 어떻게 해야 하죠?"

에머슨 신부는 바로 답을 주지 않고 질문을 했다.

"영지들 중 어느 곳이 가장 경제적으로 부유합니까?"

안젤라는 생각할 필요도 없다는 듯 대답했다.

"그거야 찰스 공작의 드라이크지요."

"왜 그럴까요?"

"글쎄요. 생각해 본 적이 없는데…….."

"그렇다면 왕국에서 가장 큰 규모의 시장이 어디 있는지 아십니까?"

"아, 그렇군요! 드라이크에 있는 시장이 가장 커요!"

"바로 그것입니다. 선왕께서 찰스 공작에게 시장 영업을 허가해 주고 난 뒤 드라이크의 시장이 발달하기 시작했습니다. 그와 함께 드라이크의 양털 산업과 농기구 산업이 동시에 발달했지요. 산업의 발달은 바로 돈을 많이 번다는 걸 의미합니다. 그건 또 영지의 사람들이 부유해진다는 걸 뜻하지요."

에머슨 신부는 안젤라의 눈을 들여다보며 말을 이어 갔다.

"지금 드라이크의 시장을 넘어설 만한 곳이 한 군데 있습니다. 어딘지 아십니까?"

"어디죠?"

"바로 왕궁과 켈른, 그리고 핸오키가 맞닿은 곳입니다."

안젤라가 눈을 크게 떴다.

"정말 그렇게 될 수 있을까요?"

"핸오키에서는 창, 검, 갑옷 등 철제 무기를 생산한다고 하셨지요? 또 그곳은 땅이 황폐해서 농사를 짓기 어렵다 하셨지요?"

"예, 그렇습니다만……."

"켈른에서는 밀 농사를 주로 하는데 팔 곳이 마땅치 않은 데다가 철제 농기구를 필요로 하고 있고요?"

"예, 맞아요."

"그렇다면 이렇게 하십시오."

안젤라는 에머슨 신부의 말을 더 잘 듣기 위해 몸을 앞으로 기울였다.

"켈른에 품질 좋은 철제 농기구가 보급된다면 밀 생산량이 크게 늘 것입니다. 반대로 핸오키는 켈른에서 수확한 밀을 사들여서 식량 부족 문제를 해결할 수 있습니다. 이렇게 두 영지가 서로 부족한 점을 보충할 수 있을 것입니다."

안젤라가 고개를 갸우뚱했다.

"하지만 핸오키에서는 농기구를 만들지 않는걸요?"

"지금처럼 평화로운 때에 핸오키의 장인들은 아무 할 일이 없습니다. 그러니 무기 대신 농기구를 만들게 하면 됩니다. 무기를 만들던 자들이니 농기구를 만드는 건 일도 아니겠지요. 위슬리 자작 정도면 핸오키의 영주를 충분히 설득할 수 있을 것입니다. 그에게 맡겨 보십시오."

에머슨 신부가 계속 말했다.

"게다가 캘버른 왕국은 여기 왕궁을 중심으로 도로망이 혈관처럼 퍼져 있습니다. 왕궁과 켈른, 핸오키. 이 세 곳의 중간 지점에 성공적으로 시장을 세우면 왕국 번영의 신호탄이 될 것입니다."

안젤라의 얼굴이 밝아졌다.

"그렇게 되면 무시 못 할 부수적인 소득도 따라오게 됩니다."

"부수적인 소득이라니요?"

"켈른의 스미스 백작과 드라이크의 찰스 공작 사이에 금이 가면 우리 왕국에는 또 다른 좋은 기회가 오는 것이지요."

안젤라가 웃었다.

"그럴 리가요. 스미스 백작과 찰스 공작이 가까운 사이라는 건 왕국 사람들 모두가 알 정도로 유명한걸요."

"글쎄요, 두고 보십시오."

다음 날 안젤라는 위슬리 자작을 불렀다. 위슬리 자작은 무거운 마음으로 여왕의 접견실로 들어섰다. 그는 여왕이 관심을 갖는 문제를 파악하려고 밤을 새우다시피 했지만 결국 답을 찾지 못했다.

접견실에는 평소와 달리 군사들과 시종들이 열을 맞춰 서 있었다. 위슬리 자작은 약간 어리둥절한 기분으로 여왕 앞에 가서 무릎을 꿇었다. 안젤라가 미소를 지었다.

"위슬리 자작, 어젯밤에는 모처럼 잘 주무셨겠지요? 여행에서 돌아와 고단했을 테니 말이에요."

"예, 덕분에 잘 쉬었습니다."

"이제 그렇게 다리를 뻗고 잘 수 있는 날은 더 이상 없을 거예요."

위슬리가 놀라 소리쳤다.

"무슨 말씀이십니까? 저는 있는 힘껏 제 임무를 완수했습니다. 먹는 것도 자는 것도 잊을 정도로 열심히 일했습니다. 그런 제게……."

안젤라가 웃으며 손을 들어 손가락을 까딱해 보였다. 그러자 휘장 뒤에서 시종들이 왕실의 검을 받쳐 들고 나왔다. 위슬리의 눈이 휘둥그레졌다.

안젤라가 그 검을 위슬리 자작의 머리 위로 들어 올렸다. 위슬리는 서둘러 기도하듯 두 손을 모아 올렸다.

"위슬리 경, 그대를 백작이자 나의 특사로 임명하노라."

안젤라는 위슬리의 손 위에 자신의 손을 얹으며 말했다.

"경처럼 유능한 사람을 곁에 두어 기쁘오. 이제부터 경은 왕국

에 충성을 다하고, 내가 뭐라 하건 경이 최선이라고 생각하는 바를 조언해 주기 바라오."

안젤라는 작위식을 끝내고 주변에 있는 사람들을 모두 물러나게 했다. 위슬리와 둘만 남자, 안젤라가 진지한 얼굴로 말했다.

"내가 경에게 백작 작위를 주고 나의 특사로 임명한 것은 앞으로 우리 왕국을 부유하게 만드는 일에 경이 큰 몫을 해낼 것을 믿기 때문이오."

"황공하옵니다."

안젤라는 전날 밤 에머슨 신부에게 들은 이야기를 찬찬히 설명해 주었다.

"나는 왕국의 번영을 위해서라면 당장의 작은 손해쯤은 감수할 생각이오. 그러니 경이 중간에서 역할을 잘 해내야 할 것이오."

위슬리는 절로 고개가 숙여졌다. 안젤라 여왕이 이 나라를 다시 일으켜 세우기 위해 최선을 다하고 있다는 것이 느껴졌기 때문이었다. 위슬리는 앞으로 어떠한 일이 생기더라도 여왕의 편에 서서 그녀의 힘이 되어 주리라 결심했다.

"당장 떠나겠습니다. 여왕님의 의사를 충분히 전하겠습니다."

위슬리는 집에 돌아가 짐을 간단히 챙기고 믿을 만한 시종 하나만을 데리고 길을 떠났다. 바람이 그의 등을 살살 밀어 주었다.

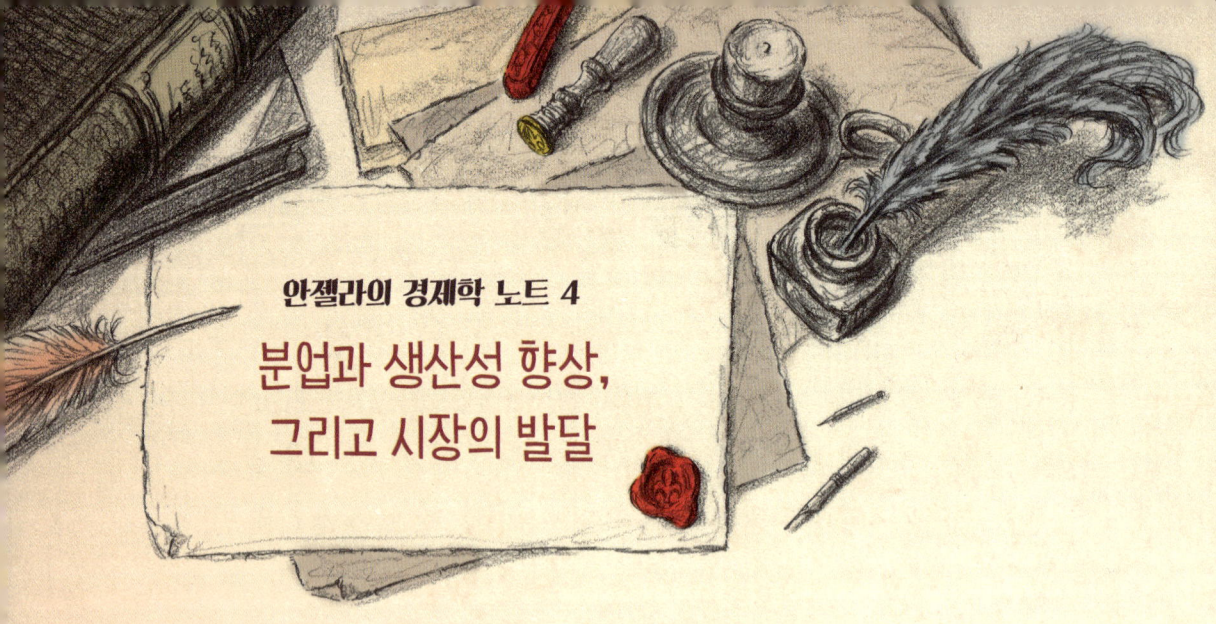

안젤라의 경제학 노트 4
분업과 생산성 향상, 그리고 시장의 발달

사람이 살아가는 데 필요한 것을 얻기 위해 몸이나 머리를 쓰는 활동을 **노동**이라고 해. 노동은 경제 활동을 이루는 중요한 요소야. **분업**은 사람들이 역할을 나누어 노동하는 것을 말해. 누구는 농사만 짓고 누구는 대장일만 하는 거지. 또 하나의 일을 완성하기 위해 여러 사람이 일을 나누어 맡아 하는 것도 분업이야. 각자가 잘할 수 있는 일을 나누어서 그 일에만 집중하는 거지.

분업은 어떻게 생겨났을까? 먼 옛날에는 모든 재화와 용역을 각자가 스스로 생산하는 자급자족 경제였어. 빵도 직접 밀 농사를 지어 만들고, 생선도 자기 힘으로 바다에 나가서 잡고, 옷도 스스로 만들어 입었지. 그런데 어느 누가 농사와 고기잡이와 바느질 모두를 잘할 수 있겠어? 자급자족 경제에서의 생활 수준은 그다지 높지 못했을 거야.

그러던 어느 날, 사람들은 생각했지. '아무개는 힘이 세고 소를 잘 다루니 농사 짓는 일에만 전념하고, 또 누구는 배를 잘 몰고 수영도 잘하니 고기잡이만 열심히 하면 어떨까? 또 다른 이는 손재주가 좋으니 옷 만드는 일만 전문으로 하면 될 테고……' 이렇게 각자 소질을 지닌 분야에서만 노동하는 분업이 발생하고, 그 덕분에 생산성도 획기적으로 높아졌지.

그런데 분업이 가능하려면 교환이 꼭 필요해. 교환을 할 수 없다면 농부는 곡식만 먹고 살아야 하고, 어부는 생선만 먹어야 할 테니까 말이야. 그러니까 생산성을 높이기 위해서는 분업이 필요하고, 분업이 잘되려면 교환이 일어나는 시장이 발달해야 해. 분업과 생산성 향상, 그리고 시장의 발달이 하나의 사슬처럼 서로 연결되어 경제 발전을 이끄는 거지.

이제 나는 이 사슬을 잘 연결할 계획을 실행할 거야. 그걸 위해 위슬리 백작에게 길을 떠나게 했지. 신의 가호가 있기를!

그나저나 안젤라가 여럿 있어서 여왕의 일도 분업할 수 있다면 얼마나 좋을까?

9. 찰스 공작의 뒤통수를 치다

위슬리 백작이 떠난 후 안젤라는 찰스 공작을 캘버른 성으로 초대했다. 찰스 공작은 늘 자신을 피하기만 하던 여왕이 무슨 일로 부르는지 짚이는 게 없었다.

'혹시 자기 위치가 위태위태하니 나와의 결혼을 다시 추진해 볼 생각인가?'

찰스는 웃음을 터뜨렸다.

'이제 와서? 어림없지! 그동안 내게 무례하게 굴었던 걸 잊을 것 같은가!'

그러다가 문득 생각했다.

'아냐. 나쁘지 않을 거 같은데?'

찰스는 이런저런 궁리를 하며 캘버른 성으로 향했다. 그는 일부러 평소보다 많은 군사를 이끌고 갔다. 자신의 위세를 더 확실히 보여 주고자 한 것이다. 또 한편으로는 안젤라가 자신을 궁지로 몰아넣을 가능성도 생각해야 했기 때문이었다.

찰스가 성에 도착하자 안젤라는 더할 수 없이 친절한 얼굴로 그를 맞았다.

"정말로 오랜만이지요? 찰스 공작."

찰스도 인사를 하며 안젤라를 유심히 보았다. 안젤라는 오늘따라 더 아름다워 보였다. 그러나 자신은 몇 달 전보다 체중이 불었는지 차려입은 옷이 너무 팽팽해 불편했다.

안젤라의 뒤에는 에머슨 신부가 그림자처럼 서 있었다. 그는 얼핏 보면 세상일에 무심한 듯했다. 하지만 대주교를 불러 놓고 안젤라의 왕위 계승을 선포한 것처럼 능구렁이 같은 술수를 쓸 줄도 아는 인물이었다. 찰스는 에머슨 신부가 늘 거슬렸다. 하지만 그가 영주들뿐만 아니라 많은 백성들에게 존경을 받는 성직자라 함부로 할 수가 없었다. 그런 자가 안젤라 곁에 있다는 것만으로도 찰스는 신경이 쓰였다.

안젤라는 갖가지 고기와 과일로 풍성하게 차려진 식탁으로 찰스를 안내했다. 그리고 웃으며 찰스 공작에게 음식들을 권했다. 공주일 때는 쌀쌀하기만 했던 안젤라였기에 찰스는 묘한 승리감을 느끼기까지 했다.

날씨 이야기와 그림 이야기와 정원의 새로운 유행에 대한 이야기를 나누며 식사가 반쯤 끝났을 때, 에머슨 신부가 말했다.

"여왕님께서 새 성당을 맡을 훌륭한 건축가를 찾아내셨습니다. 여왕님의 능력이 대단하십니다."

찰스는 입 속에 고기를 잔뜩 집어넣고 우물거리며 속으로 비웃었다.

'그렇지! 바로 이거였군! 돈 이야기를 꺼내려고 나를 부른 게야. 왕국의 금고가 텅 비어 있으니 무슨 수로 성당을 건축하겠느냔 말이지. 그러나 어림없는 소리. 다 기울어 가는 왕국에 내가 돈을 댈 것 같은가.'

찰스는 안젤라의 속셈을 알아냈다고 생각하고 속으로 쾌재를 불렀다.

'아무리 에머슨 신부가 곁에 있다 한들 겨우 열다섯 살, 머리에 피도 안 마른 어린애가 아닌가? 이 기회에 돈줄을 꽉 틀어막아 두 손 들고 빌게 해야지.'

안젤라가 미소를 지으며 말했다.

"저는 건축가와 여러 번 의견을 나누었답니다. 이 성당이 우리 모두에게 축복이 될 수 있는 방법을 찾았던 거지요. 그리고 드디어 답이 나왔어요. 그 기쁨을 제일 먼저 찰스 공작과 나누고 싶어서 어려운 걸음을 부탁한 거랍니다."

찰스는 건성으로 대답했다.

"참으로 장하신 일입니다."

"기뻐해 주실 줄 알았어요. 평소에도 찰스 공작의 신앙심을 믿고 있었거든요."

찰스 공작은 에머슨 신부를 흘긋 보았다.

'이것도 네놈의 계략이겠지. 하지만 이번엔 안 통할 거다.'

그런데 좀 이상했다. 에머슨 신부는 식사에만 열중하는 듯했다. 더구나 식사가 끝나가고 있는데도 안젤라는 돈 이야기를 꺼

내지 않았다.

'부족함 없이 자라 그런 이야기를 하기가 쉽진 않겠지. 그럼 나더러 눈치껏 알아서 기부해 달라는 건가? 글쎄……. 에머슨 신부가 그런 식으로 시키지는 않았을 텐데.'

찰스는 심드렁하게 두 사람의 이야기를 듣다가 성당 건축을 다시 한번 축하하고 자리에서 일어났다.

찰스가 자신의 성으로 돌아가던 그 시각, 곳곳의 영주들은 밀랍으로 봉인된 여왕의 양피지 두루마리 편지를 받았다.

"친애하는 영주 여러분, 우리는 하느님의 교회를 짓기로 약속했습니다. 그동안 여러 각도로 조사하고 검토한 끝에 구체적인 계획이 나왔으므로 여러분에게 기쁜 마음으로 그 소식을 알리고자 합니다……."

찰스도 성에 도착하자마자 여왕의 편지를 받았다.

"아모르라는 건축가는 신앙심이 깊은 자로, 그가 지은 성당에서는 기적이 많이 이루어진다고 합니다. 우리가 힘을 합쳐 성당을 지으면 그 기적이 우리에게도 찾아오리라 믿습니다. 설계는 지금 막바지 단계로써 여러분들이 흥미를 느낄 만한 소식을 알려 드리려고 합니다."

편지에는 성당 건축을 위해 성금을 바치는 사람들의 모습을 성당 벽에 조각으로 새겨, 그 마음을 영원히 기리겠다는 내용이 담겨 있었다. 누구도 거부할 수 없는 조건이었다. 성당 벽에 자신의 모습이 조각된다는 것은 천당을 예약하는 것과 같았기 때문이었다. 돈이 있는 영주는 물론이고 재산이 넉넉지 않은 영주들은 빚을 내서라도 성당 건축에 막대한 돈을 기부할 것이 뻔했다. 이렇게 해서 성당 건축으로 왕국의 재정이 흔들릴 것이라던 찰스의 예상은 보기 좋게 빗나가고 말았다.

"교활한 놈 같으니라고!"

찰스는 신경질적으로 편지를 내동댕이치다가 고개를 갸웃했다.

"이렇게 편지를 보낼 거면서 왜 나를 성으로 부른 거지?"

며칠간 성을 비웠던 제이슨이 왕궁으로 돌아왔다. 안젤라가 찰스를 불러 그가 어느 정도의 군사를 데리고 나타나는지를 알아보는 동안 제이슨은 드라이크 성의 특징과 남은 군사의 수를 파악하고 온 것이다.

안젤라는 땀투성이가 되어 돌아온 제이슨을 보고 웃었다.

"일단 씻고 배를 채운 후 천천히 이야기를 나누도록 하지."

그날 밤 제이슨은 어떤 남자를 끌고 안젤라 앞에 다시 나타났다. 허름한 행색의 남자는 사색이 되어 있었다.

안젤라가 미간을 좁혔다.

"그자는 누구인가?"

그러자 남자가 바닥에 엎드리며 울부짖었다.

"폐하! 죽을죄를 지었습니다! 저는 그저 찰스 공작님이 시키는 대로만 했습니다. 한 번만 용서해 주십시오!"

제이슨은 드라이크 성을 조사하러 갔다가 남자와 마주쳤다. 두 사람은 서로를 알아보았다. 제이슨은 켈른에 사냥을 갔을 때 안젤라를 공격했던 사람들 중 몇 명의 얼굴을 또렷이 기억하는데, 남자가 그중 하나였다. 남자가 기겁을 하고 도망치려 했지만 이미 제이슨의 칼날이 그의 목에 닿은 후였다. 그렇게 제이슨은 그를 왕궁까지 끌고 왔던 것이다.

안젤라는 살려 달라고 애원하는 남자를 지하 감옥에 가두게 했다. 이로써 찰스 공작의 음모에 대한 증거가 하나 생긴 것이다.

10. 협상의 시작

안젤라의 특별 지시를 받은 위슬리 백작이 켈른 성에 도착했다. 켈른은 한나절 만에 갈 수 있을 정도로 왕궁과 가깝지만 위슬리 백작은 일부러 켈른의 전 지역을 돌아보고 농부들의 실정까지 파악하느라 이틀이 지나서야 켈른 성에 들어섰다.

스미스 백작이 미심쩍은 표정으로 물었다.

"여왕의 특사가 갑자기 무슨 일이오?"

스미스 백작은 여왕과의 접촉으로 인해 혹시라도 찰스 공작의 눈 밖에 날까 봐 염려했다. 그렇다고 여왕을 아주 무시할 수도 없었다. 그녀는 누가 뭐라 해도 왕국의 통치자이니 말이다.

위슬리 백작은 스미스 백작에게 허리를 굽혔다.

"여왕님께서는 켈른에 관심이 많으십니다."

"영광스럽고 고마운 말씀이지만 보다시피 우리 켈른은 가난하고 작은 영지일 뿐이오."

"겸손이 지나치십니다. 퀠른은 발전 가능성이 무궁무진한 곳 아닙니까? 왕궁과 가장 가까이 있기도 하고요."

위슬리는 여왕이 왜 자신의 첫 경제 계획을 찰스 공작의 측근인 스미스 백작의 퀠른에서 시작하려고 하는지 의아했다. 그러나 명령을 받은 처지에 임무를 소홀히 할 수는 없었다.

"이곳 퀠른은 밀 생산으로 유명하던데, 밀이 다 소비되기는 하는지요?"

"우리 영지 내에서 소비되고 조금 남는 정도요."

"그 남는 밀은 어떻게 하십니까?"

"어떻게 하다니? 그거야 농민들이 알아서 할 일이지 않소."

위슬리는 속으로 혀를 차고는 바로 본론으로 들어갔다.

"여왕 폐하께서는 퀠른과 핸오키, 그리고 캘버른 성이 맞닿는 곳에 시장을 세우실 계획입니다."

스미스 백작은 어리둥절했다. 왕국의 사정이 안 좋다는 것은 누구나 아는 사실이었다. 그래서 여왕의 특사가 경제적인 도움을 요청하러 왔을 것이라고 생각했다. 그런데 시장을 개설한다니?

"지금 퀠른에서 가장 필요한 게 바로 철제 농기구 아닙니까? 새 시장이 서면 퀠른은 밀을 내다 팔 수 있는 곳이 생기고 밀을 판

매한 돈으로 철제 농기구를 구입할 수 있을 것입니다. 그렇게 되면 밀 생산량이 지금과 비교할 수 없이 증가할 것입니다. 결국 백작님이 거두시는 세금도 크게 늘어나겠지요."

세금 이야기에 스미스 백작이 처음으로 관심을 보였다.

"무슨 말인지는 알겠소. 하지만 딱히 내가 할 일은 없어 보이는데요?"

"여왕님께서는 왕국의 모든 백성들이 잘살길 원하십니다."

"물론 그러시겠지요."

"그래서 여왕님께서는 켈른 농부들이 세금을 1년간 내지 않을 수 있기를 바라십니다."

스미스 백작이 펄쩍 뛰었다.

"그게 무슨 소리요?"

"백작님께도 절대 손해가 나지 않는 일입니다. 생각해 보십시오. 농민들이 백작님께 세금을 내고 나면 당장 시장에 내다 팔 밀이 없을 것입니다. 그러면 지금처럼 계속 목재 농기구를 사용해 농사를 지을 테고 수확량은 제자리를 맴돌겠지요. 지금 철로 만든 쟁기로 농사를 짓는 영지에서는 밀 생산량이 획기적으로 늘어나고 있습니다."

"그야 알고 있소만……."

"백작님께서 올해 세금을 걷지 않고 1년만 기다려 주신다면 농민들은 그 돈을 종잣돈 삼아 철제 농기구를 구입할 수 있을 것입니다. 그렇게 된다면 내년에는 지금까지와는 비교할 수 없이 많은 밀을 생산할 수 있을 것입니다. 그러면 당연히 백작님도 예년의 두 배가 넘는 세금을 걷을 수 있겠지요."

'그럴듯해.'

스미스 백작은 인정하지 않을 수 없었다. 그러나 그 제안을 덥석 물 수는 없었다.

"만약 그렇게 되지 않으면?"

"물론 계획대로 되지 않을 가능성도 있습니다. 하지만 투자해 볼 가치가 있는 일이라고 생각합니다. 그리고 백작님께서 이 제의를 받아들이신다면 여왕님께서도 켈른으로부터 1년간 세금을 받지 않을 것이라 약속하셨습니다."

여왕의 계획은 합리적이었다. 사실 켈른의 경제는 점점 나빠지고 있었다. 이렇게 한번 숨통이 트이면 앞으로 더 나아질 것이다. 그러나 걸리는 문제들이 몇 있었다.

"우리 켈른의 입구는 아시다시피 울창한 숲으로 덮여 있소."

"예, 그렇더군요."

"그 숲은 왕궁으로 가는 길목에 있는데 거기 산적의 소굴이 있

다 하오. 한때 우리 켈른 시장도 꽤 활발했지만 산적들이 출몰하고 나서부터는 사람들이 이쪽 시장을 피하게 된 거요."

사실 산적들이 많이 생긴 데에는 영주에게도 책임이 있었다. 이들은 대개 세금을 내지 못해 농사지을 땅을 잃은 사람들이기 때문이었다. 그것은 스미스 백작이 무능하거나 몰인정한 사람이라는 뜻이었다.

"처음에는 '그깟 산적쯤이야.'라고 생각했으나 만만한 무리들이 아니었소. 산적들이 수시로 나타나 상인들의 물건을 훔치고 때로는 목숨까지 위협하니 이곳으로 장사를 하러 오는 사람들이 줄어든 거요. 게다가 선왕께서 드라이크에 시장 영업 허가권을 내주신 이후로 우리 켈른의 시장은 더욱 초라해지고 말았소. 드라이크 같은 막강한 영지에 시장이 세워졌으니 우리 켈른이 당할 수나 있었겠소?"

스미스 백작은 새삼 분하다는 듯 목소리를 높였다.

"결과적으로는 이렇게 되었지만 내가 두 손 놓고 바라보고만 있었던 것은 아니오. 나를 무능한 영주로 취급하는 것은 참을 수 없소!"

"그럴 리가 있겠습니까? 여왕님께서는 백작님께 힘을 보태 드리려는 것입니다."

위슬리 백작은 스미스 백작의 비위를 맞춰 주다가 문득 깨달았다. 왕궁과 드라이크 중간에 낀 켈른을 여왕 쪽으로 끌어들이면 만약의 사태에 큰 힘이 되리라는 데에 생각이 미쳤던 것이다. 그렇다면 더더욱 이 계획을 성사해야 했다.

"여왕님께서 켈른에 사냥을 오신 적이 있다고 하시더군요."

스미스 백작이 움찔했다.

"그때 그 자리에 백작님도 계셨다고 하던데요……."

"그, 그랬지요. 그런 일이 생기다니……. 어찌나 당황스러웠는지……."

위슬리는 조금 더 강하게 밀어붙였다.

"반역이 얼마나 큰 죄인지는 아시지요? 백작님은 그 일을 조사하는 데 적극 협조하셔야 할 것입니다."

"무, 물론이요."

스미스 백작은 연신 헛기침을 했다. 그때는 찰스 공작이 곧 왕좌에 오르리라는 것을 믿어 의심치 않았다. 찰스가 윌리엄 왕을 독살하려 한 것까지야 알지 못했지만, 공주가 켈른으로 사냥을 온다는 정보를 제공한 것도 스미스 자신이었다. 그런데 안젤라는 즉위식까지 치러 냈고 차근차근 왕의 길을 걷고 있었다. 아직도 스미스 백작은 찰스 공작이 언젠가는 왕이 되리라는 믿음을 버리지 않았지만 당장 그런 마음을 드러내는 무리수를 둘 수는 없었다.

위슬리는 스미스 백작이 당황한 것을 확인하고 말을 돌렸다.

"산적 문제는 걱정하지 않으셔도 됩니다. 대책을 마련해 두었습니다."

스미스 백작은 어떻게 이 상황을 모면할지에 대한 생각으로 머릿속이 꽉 차 있었던 터라 어리둥절했다.

"방금 뭐라 하셨소?"

"이곳 산적을 소탕할 작전이 이미 마련되어 있다고 말씀드렸습니다."

스미스는 재빨리 머리를 굴렸다. 아마 여왕에게도 직접적인 증거는 없을 것이다. 그러니 모르쇠로 나가는 게 현명할 것이다.

"어떤 대책이오?"

"백작님께서는 다음 달 첫째 날, 성당 건축에 바치는 밀을 왕궁으로 보낸다고 널리 알리십시오."

스미스 백작은 당장 튀어나올 듯 몸을 앞으로 기울였다.

"성당 건축에 밀을 바치라고요? 말이 다르지 않소?"

위슬리가 허허 웃었다.

"실제로 밀을 보내라는 말씀이 아닙니다. 소문만 돌게 해 주시면 됩니다. 나머지는 여왕님께서 알아서 하실 것입니다."

스미스 백작은 눈을 크게 떴다.

'밀 수송대로 위장하여 산적을 치겠다는 생각이 아닌가!'

스미스 백작은 켈른으로 사냥을 왔던 여왕의 모습을 떠올려 보았다. 그때 안젤라는 좀 건방져 보이기는 했지만 귀여운 소녀였다. 그 귀여운 소녀가 잠깐 사이에 이토록 뛰어난 전략가가 되었으리라고는 상상하기 어려웠다. 어쨌거나 스미스 백작은 켈른의 세금 문제가 급했고 여왕의 압박도 무시할 수 없었다. 조금 전 위슬리의 말은 여왕의 계획에 협조하지 않을 경우 안젤라 습격 사건에 대해 철저히 조사하겠다는 암시였던 것이다. 더불어 여왕의 계획이 켈른에게 새로운 기회가 될 것이라는 판단도 섰다.

"여왕님의 말씀에 따르겠소."

위슬리는 속으로 안도의 한숨을 쉬었다. 위슬리는 스미스 백작이 찰스 공작을 거스르지 않기 위해 끝까지 거부할지도 모른다고 생각했기 때문이었다. 어쨌든 첫 번째 관문은 통과한 셈이었다. 이제 핸오키 차례였다.

핸오키를 향해 말을 달리면서 위슬리는 어린 여왕의 생각이 어디까지 뻗어 있는지 궁금했다.

11. 젊고 어리석은 영주

핸오키의 영주 로빈슨 백작은 젊은 사람이었다. 로빈슨은 안젤라가 윌리엄에게 왕위를 물려받은 것처럼 아버지로부터 백작 자리를 물려받았다. 그러나 영지를 다스리는 일은 관심 밖이었다.

접견실로 들어간 위슬리 백작은 젊은이들에 둘러싸여 웃고 떠드는 로빈슨 백작을 보았다. 시종이 여왕의 특사가 왔음을 알렸는데도 로빈슨은 위슬리 쪽을 보지도 않았다. 잠시 기다리던 위슬리가 꾸짖듯 말했다.

"여왕님의 말씀을 전하는 자리이니 주위 분들을 물려 주십시오."

그때에서야 로빈슨은 서둘러 사람들을 물리쳤.

모두가 나가고 나자 위슬리는 자기가 온 이유를 밝혔다. 그러나 로빈슨은 심통이 난 얼굴이었다.

"그러니까 여왕님께서는 시장을 새로 열겠다, 그 말씀 아닙니

까?"

"예, 그렇습니다."

"그런데 왜 핸오키처럼 작은 영지에 와서 그 얘기를 하시는지 모르겠소. 우리에게 무얼 원하는 것이오?"

둔하고 무례한 로빈슨 백작이지만 위슬리 백작은 목적을 달성하기 위해 꾹 참았다.

"여왕님께서 이곳 핸오키에 도움을 주고자 하니 협조를 하라는 말씀입니다."

"그러니까 무슨 협조를 하라는 거요?"

"핸오키는 철 가공 기술이 최고라고 들었습니다. 특히 무기 제조에 뛰어나다고 하더군요."

로빈슨의 얼굴에 뻐기는 듯한 미소가 번졌다.

"그렇소. 왕국 내에서 우리를 따라올 곳은 없을 거요."

"그런데 요즘처럼 전쟁이 없을 때는 어떻습니까? 무기 생산이 줄어들면 장인들이 끼니 걱정을 하지 않습니까?"

"그야 어쩔 수 없는 일 아니겠소."

"어쩔 수 없는 일이 아닙니다. 방법이 있습니다."

로빈슨은 코웃음을 쳤다.

"방법이 있다고? 우리더러 전쟁이라도 일으키라는 말이오?"

위슬리는 로빈슨의 경박한 말투에 어처구니가 없었지만 설명을 시작했다.

"여왕님의 새 시장이 이곳 장인들을 살리고 영주님도 살릴 것입니다."

그러나 로빈슨 백작은 건성으로 듣고 있었다. 로빈슨은 어서 이 자리에서 벗어나 친구들과 사냥을 떠나고 싶은 마음뿐이었다.

"밀 생산지로 유명한 켈른을 아시지요? 켈른의 농민들은 지금 철제 농기구를 절실히 원하고 있습니다. 핸오키 장인들의 실력이면 철제 농기구를 만들고도 남지 않습니까? 창과 칼을 다루던 솜씨이니 말입니다."

"그건 그렇소만 무기를 만들던 자들이 농기구를 만들려고 하겠소? 쓸데없는 생각이오."

"그렇지 않습니다. 팔 곳이 있고 살 사람들이 있다면 장인들은 분명 농기구를 생산할 것입니다. 핸오키가 철제 농기구를 시장에 공급하면 가까운 켈른의 농부들부터 시작해서 온 왕국의 농민들이 핸오키의 농기구를 사려고 할 것입니다. 그렇게 되면 장인들의 수입도 크게 늘어날 것이고 영주님이 거두는 세금도 따라서 늘어나겠지요."

로빈슨이 그제서야 솔깃한 표정을 지었다.

"영주님은 그저 장인들의 우두머리들을 불러 여왕님의 뜻을 전달해 주시기만 하면 됩니다. 나머지는 장인들이 알아서 하지 않겠습니까?"

로빈슨이 어깨를 으쓱했다.

"그 정도 일쯤이야……. 알았소. 내 당장 장인들을 불러 설명하겠소."

"정말 훌륭한 결정을 내리셨습니다. 백작님으로 인해 이 핸오키에 번영이 올 것입니다."

"여왕님께 힘을 보태 드리기 위해 그리하기로 결심한 거요."

로빈슨 백작의 거들먹거리는 모습에 어이가 없었지만 위슬리는 정중하게 허리를 굽혀 인사했다.

"여왕님께 백작님의 뜻을 잘 전하겠습니다. 그럼 저는 이만……."

핸오키를 떠나며 위슬리가 중얼거렸다.

"어리석지만 운이 좋은 자임에는 틀림이 없군. 이제 이곳 경제도 곧 번성하게 될 테니까. 어서 이 소식을 여왕님께 보고해야지."

위슬리는 말에 박차를 가했다.

12. 모여드는 사람들

켈른과 핸오키의 동의를 얻어 낸 왕국은 새 시장을 여는 일에 속도를 내기 시작했다. 안젤라와 에머슨 신부, 위슬리 백작은 여러 번의 회의 끝에 캘버른 성 바깥 중앙 도로에 있는 시장을 넓히기로 했다. 지금은 작고 침체되어 있지만 켈른과 핸오키와도 가깝고 기존에 닦아 놓은 여러 시설을 활용할 수 있는 곳이었다.

장소가 정해지자 안젤라는 현장을 꼼꼼히 둘러본 후 중앙 도로 주변에 간이 화장실을 몇 군데 더 파게 했다. 사람들이 갑자기 많아져서 주변이 더러워지는 것을 막기 위해서였다. 또 일손이 남는 부녀자들을 모아 간이식당도 차리게 했다. 상인들은 끼니를 챙길 수 있고 부녀자들에게도 돈벌이가 될 테니 일석이조였다. 그리고 제이슨 아래의 군사들이 돌아가며 시장을 순찰하게 했다. 좀도둑이나 건달이 장사를 방해하는 것을 막기 위해서였다.

철저한 준비 끝에 드디어 새 시장이 열렸다. 처음에는 한두 사람이 호기심으로 찾아오더니 며칠이 지나자 갑자기 상인들이 늘어나 원래 있던 상인들과 자리를 두고 다투는 일까지 생겼다. 그러나 시장을 관리하는 군사들 덕분에 안전이 보장되자 상인들의 수는 더 늘어났다. 고기, 빵, 과일 같은 식료품은 물론이고 옷과 신발, 양털, 농기구를 파는 상인들이 몰려들었다.

자릿세를 내고 위치를 지정받은 상인들은 열심히 가게를 단장했다. 물건을 올려놓을 가판만 간단하게 만드는 사람도 있었지만 어떤 사람은 가게를 아예 주택처럼 새로 짓기도 했다. 이미 가게를 차려 놓고 있던 상인들도 질세라 더 잘 꾸미려고 애썼다.

안젤라는 매일 시장이 어떻게 변해 가는지 지켜보았다. 그리고 성으로 돌아가는 길에 에머슨 신부에게 들러 그날 본 일들을 이야기하며 즐거워했다.

"사람들이 점점 많아지고 있어요. 이렇게 반응이 빨리 올 줄 몰랐어요."

며칠 후 퀠른에서는 한 떼의 군사가 아침 일찍 성을 떠났다. 왕궁으로 향하는 마차들을 호위하기 위해서였다. 마차에는 성당 건축을 위해 바치는 밀과 금화 등이 실려 있었다. 수송대의 출발은 온 영지의 사람들이 다 알 정도로 요란했다. 튼튼하고 잘생긴 말들과 수송 마차에 꽂힌 색색의 깃발들이 아침 햇살을 받아 더욱 화려해 보였다. 구경 나온 사람들은 열렬하게 박수를 쳤다. 행렬을 따라가며 손을 흔드는 아이들도 있었다.

"저게 다 뭐야?"

"빛을 뿜어낸다는 기적의 성모상 얘기 들었어요?"

"물론이죠! 그 성모상을 위해 성당을 새로 짓는다면서요?"

"거기 바치는 밀과 금화래요."

"아이고, 우리 영주님께서 웬일이시래?"

"지옥 불은 누구에게나 무서운 거니까요."

성을 나와 몇 개의 마을을 지날 때까지 수송 작전은 순조로웠다. 그러나 곧 산적들의 소굴이 있다고 알려진 울창한 숲에 다다를 참이었다.

숲이 가까워지자 수송대의 대장이 뒤를 돌아보았다.

"이제 곧 그들이 나타날 것이다. 모두 긴장을 늦추지 말도록!"

제이슨이었다. 여왕의 기사단이 켈른의 수송대로 위장했던 것이다.

제이슨의 예상대로 여왕의 기사단이 숲 한가운데의 계곡에 도착했을 때였다. 어디선가 날카로운 휘파람 소리가 들려왔다. 그 소리와 함께 수십 명이나 되는 산적들이 우르르 협곡을 내려왔다. 언덕 위에서도 함성이 들려왔는데 족히 쉰 명은 넘어 보였다. 산적들은 몽둥이와 도끼 등으로 무장을 하고 있었다. 제이슨이 소리쳤다.

"뒤로 물러나라!"

여왕의 기사단은 신속하게 오던 길로 되돌아갔다. 그러자 산적들이 신이 나서 기사단을 쫓아오기 시작했다. 언덕 위의 산적들도 괴성을 지르며 따라왔다. 산적들이 휘두르는 몽둥이와 도끼를 막아 내며 한참을 쫓기던 기사단이 어느 순간 돌아섰다. 그곳은 계곡을 벗어난 평야 지대였다.

제이슨이 칼을 높이 치켜들었다.

"지금부터다!"

그것을 신호로 나무 뒤에 숨어 있던 군사들이 나타났다. 기사단도 품에서 칼을 뽑아들었다.

산적 두목은 함정에 빠졌음을 깨달았다. 숫자는 산적이 많았지만 사방이 툭 트인 평원에서 산적들이 잘 훈련된 군사들을 당해 낼 수는 없었다. 산적들은 우왕좌왕 흔들리기 시작했고 시간이

지날수록 산적들의 비명 소리가 사방에서 들려왔다.

제이슨은 더 이상의 희생을 막기 위해 산적 두목에게 다가갔다. 두목이 두 손을 들면 나머지 산적들도 분명 항복을 할 터였다. 그러나 산적 두목은 다가오는 제이슨을 향해 칼을 휘둘렀다. 그는 이대로 죽으나 잡혀서 교수형을 당하나 마찬가지라고 생각했던 것이다.

어떠한 결투에도 진 적이 없는 제이슨이었지만 죽음을 각오한 산적 두목의 저항은 거셌다.

'정식으로 무술을 익히지 않았는데도 이 정도라니 놀랍군. 이런 자가 교수형에 처해진다면 참으로 아까운 일이야……'

제이슨이 산적 두목의 실력에 감탄하고 있을 때였다.

"이야압!"

산적 두목이 제이슨의 목을 향해 칼을 내리쳤다. 제이슨은 재빨리 몸을 비틀어 오히려 산적 두목의 뒤로 돌아섰다. 산적 두목도 황급히 방향을 바꾸었지만 제이슨의 칼끝이 이미 산적 두목의 목덜미에 닿아 있었다.

산적 두목은 질끈 눈을 감았다.

'이렇게 죽는구나!'

그러나 칼끝은 그의 목을 살짝 누른 채 멈추었다.

"여왕님께서는 직접 너희 이야기를 듣길 원하신다."

산적 두목은 물론 산적들은 자신들의 귀를 의심했다. 인간 대접도 못 받고 산적으로 몰린 자신들의 이야기를 여왕께서 들어 주시겠다니.

그 시각 켈른 성에서는 스미스 백작이 서성이고 있었다. 그는 일이 정확히 어떻게 돌아가는지 몰라 불안했다. 위슬리 백작이 돌아간 후 왕궁에서는 시장이 거의 준비되었으니 상인들은 서둘러야 할 것이라는 전갈만 왔을 뿐이었다.

소문으로는 각지에서 온 상인들이 새 시장에 자리를 잡기 위해 다툼을 벌일 정도라고 했다. 켈른의 농부 중에는 벌써 새 시장에 가게를 낸 사람들도 있었다. 그들은 1년 동안 세금을 내지 않아도 된다는 소식을 듣고는 지긋지긋한 가난에서 벗어날 수 있을 거라는 희망에 부풀어 있었다. 그리고 재빨리 행동하기 시작한 것이다.

사실 스미스 백작은 여왕의 제안을 받아들인 후에도 저울질을 계속했다. 만약 산적들에게 여왕의 군대를 알려 주면 어떻게 될까? 여왕의 군대는 무참하게 패할 것이고 여왕의 권위도 타격을 받을 것이다. 그 공으로 스미스 백작은 찰스 공작에게 큰 점수를 딸 것이 분명했다. 그러나 동시에 켈른이 밀을 내다 팔 길도 막혀 1년을 미뤄 준 세금을 못 받게 될 것이다. 그건 안 될 말이었다.

스미스 백작은 결국 여왕의 계획에 응하기로 마음먹었고, 약속대로 수송대가 요란하게 성을 출발하도록 지시했다. 그러면서도 불안한 마음에 스미스 백작은 심복인 윌슨을 불렀다.

"가서 상황이 어떻게 되어 가는지 알아 오라."

윌슨이 떨떠름하게 물었다.

"전투 중이면 그 전투에 우리가 끼어들어야 합니까?"

"여왕의 군사가 유리하면 끼어들고, 그렇지 않으면 그냥 돌아오게."

윌슨이 서른 명가량의 군사를 이끌고 가 보니 이미 산적들은 마차 뒤에 줄줄이 묶여 있었다.

"제이슨 경, 수고가 많았습니다! 이제 이자들을 넘겨주시면 우리가 당장 교수형에 처하겠습니다."

제이슨이 버럭 소리를 질렀다.

"이들도 한때는 당신네 영지 사람들이었소. 당신들은 백성들을 산적으로 내몬 책임을 져야 할 거요!"

산적 중 한 사람이 외쳤다.

"우리는 원래 밀 농사를 짓던 농부였습니다. 하지만 아무리 일을 해도 먹고살 길이 막막했습니다. 그래서 이 길로 들어선 것이지 처음부터 산적이 되고 싶은 사람이 어디 있겠습니까?"

그러자 여기저기서 원망의 말들이 쏟아졌다. 그중 한 사람이 윌슨을 가리켰다.

"저자도 영주만큼이나 악독한 자요! 저자 때문에 내 아내가 죽었소!"

제이슨이 당황해 어쩔 줄 몰라 하는 윌슨에게 말했다.

"스미스 백작님께 전하시오. 여왕님께서 판단하시고 이 산적들에게 적절한 벌을 내리실 거라고 말이오."

13. 어느 장인의 이야기

1주일 후면 안젤라가 왕위에 오른 지 어느덧 1주년이 된다. 왕국은 이날을 기념하기 위한 파티를 준비하느라 여념이 없었다. 대신들과 기사들, 하인들은 너 나 할 것 없이 종종거리며 성안을 뛰어다녔다.

성에서 파티를 여는 게 얼마 만인지 몰랐다. 윌리엄 왕 시절에는 종종 영주들을 불러 파티를 열곤 했다. 연회장에서 각지의 소식도 듣고 왕의 권위를 보여 주면서 딴마음을 품는 자들을 경계하곤 했다. 그러나 윌리엄 왕이 독주를 마신 그날 이후 왕실은 그럴 여유가 없었다. 안젤라가 왕이 된 직후에도 마찬가지였지만, 이제 안젤라는 성당을 짓고 시장을 성공시키면서 사람들의 마음을 서서히 사로잡고 있었다.

에머슨 신부도 즉위 1주년 기념 파티를 여는 것을 찬성하였다.

"훌륭한 생각입니다. 이제 국왕으로서의 권위와 업적을 보여 주실 때입니다. 시장의 성공을 과시하며 사람들의 속마음도 떠볼 겸 성대한 파티를 여십시오. 그리고 건축가 아모르를 불러 성당 벽에 조각할 작품들에 관해 설명하는 자리를 만들면 좋을 것 같습니다."

안젤라도 아모르가 성당을 어떻게 완성할지 궁금하던 차였다. 성당을 멋지게 짓고 나면 억울하게 돌아가신 아버지에게도 큰 위로가 될 것 같았다.

파티를 하루 앞둔 날, 에머슨 신부가 한 남자를 데리고 찾아왔다.
"이 사람은 무기를 만드는 장인입니다."
에머슨 신부가 그를 향해 고개를 끄덕이자 장인이 이야기를 시작했다.
"저는 핸오키에서 창이나 칼 따위의 무기를 만들었습니다. 1년 전만 해도 일거리가 뚝 떨어져 끼니 걱정으로 하루하루를 보내는 신세였습지요. 그런데 열 달 전쯤이었을 겁니다. 영주님께서 우리 장인들을 불러 놓고 농기구를 만들어 보면 어떻겠냐는 말씀을 하셨습니다. 그 이후 시장에 대한 소문을 듣고, '구경이나 해 보자.' 하는 마음으로 시장에 가게 되었지요. 그런데 농기구 가게에 있는 물건들을 보니 제가 그것보다는 잘 만들겠다는 생각이 들었습니다. 그리고 당장 집으로 돌아가 쟁기 만드는 일을 시작했지요."

백성에게 시장에 대한 평가를 직접 듣는다는 짜릿함이 안젤라의 온몸을 훑고 지나갔다.

"사실 쟁기보다는 칼이 더 정교한 기술을 필요로 합니다. 저는 그 기술에 능숙한 장인이고요. 칼 만드는 기술로 날이 잘 서고 튼튼한 쟁기를 만들었습지요. 쟁기들은 시장에 내놓자마자 날개 돋친 듯 팔리기 시작했습니다. 그리고 어떻게 됐는지 아십니까?"

남자는 여왕 앞이라는 사실도 잊은 듯 자랑스럽게 말을 이어 갔다.

"지금 저는 다섯 명의 장인을 둔 공장을 차렸습니다. 그리고 작업 과정을 다섯 단계로 나누었습니다."

안젤라가 처음으로 입을 열었다.

"다섯 단계라니? 자세히 말해 보아라."

"예, 아뢰겠습니다. 쇠를 적당한 크기로 잘라 내는 작업, 잘라 낸 쇠를 쟁기 모양으로 다듬는 작업, 뾰족한 부분을 불에 달군 후 두드리는 작업, 날을 날카롭게 다듬는 작업, 그리고 마지막으로 쇠 쟁기에 나무 자루를 붙이는 작업으로 나누는 것을 말합니다. 그렇게 하니까 혼자 일할 때 이틀에 하나를 만들던 쟁기를 하루에 스무 개나 만들게 되었습니다!"

안젤라는 깜짝 놀랐다.

"스무 개라고? 그게 사실인가?"

"어느 안전이라고 거짓을 말하겠습니까? 저 혼자 작업할 때는 하루에 고작 반 개를 생산해 내었는데, 지금은 한 사람당 하루에 네 개를 생산하고 있습니다."

"그렇다면 생산성이 여덟 배가 되었다는 소리군."

에머슨 신부가 미소를 지었다.

"분업의 실제 사례를 훌륭하게 보여 준 이 자에게 상이라도 내리셔야 할 것 같습니다."

"그래야겠군요. 제게 확신을 준 사람이니 말이에요."

남자가 당황하며 엎드렸다.

"상이라니요, 천만의 말씀입니다. 저 말고 다른 장인들도 농기구를 만들면서 수입이 크게 늘었습니다. 예전에는 일이 없어 굶는 일이 다반사였는데 지금 핸오키에서 먹는 걸 걱정하는 장인은 없습니다. 이 모든 것이 여왕님 덕입니다. 시장이 아니었다면 오늘의 저희는 없었을 것입니다."

장인을 돌려보낸 후에도 안젤라는 흥분이 가시지 않은 듯했다.

"처음 왕좌에 앉았을 때의 막막하고 불안했던 마음이 많이 걷히는 것 같습니다. 내일 파티에도 자신 있게 나갈 수 있을 것 같습니다. 신부님의 도움이 정말 컸습니다."

에머슨 신부가 흐뭇하게 웃었다.

"부디 지금 마음을 잃지 마시길 바랍니다."

에머슨 신부마저 돌아간 후 안젤라는 연회장에 들러 파티가 제대로 준비되고 있는지 확인했다. 방으로 돌아가자 파티에 입을 드레스가 걸려 있었다. 왕국에서 가장 솜씨 좋은 재단사가 만든 드레스였다. 갖가지 보석이 박히고 레이스가 우아하게 늘어져 아름답고 기품 있는 자태를 뽐낼 만했다. 안젤라는 거기에 왕실 대대로 내려오는 장신구들로 치장할 참이었다.

"당당해 보여야 해. 나는 국왕이니까."

14. 왕실 파티

　파티가 시작되기 전, 여왕의 방에서는 메리가 안젤라에게 옷을 입혀 주고 있었다. 치장이 거의 끝나갈 무렵 메리가 안젤라의 드레스 허리를 꽉 조이며 떨리는 목소리로 말했다.
　"이 모습을 선왕께서 보셨다면 얼마나 기뻐하셨을까요?"
　안젤라도 내내 아버지 생각을 하고 있었다. 1년이 되도록 누군가 아버지를 독살한 결정적인 증거를 찾지 못했다. 그 사실이 늘 안젤라의 마음 한구석을 무겁게 했다. 아직 왕으로서 충분히 힘을 갖지 못하고 있는 것도 답답하고 분했다. 하지만 섣불리 움직일 수는 없었다.
　연회장은 이미 파티 준비가 끝나 있었다. 왕실 전속 요리사가 만든 산해진미가 차려졌고, 꽃으로 연회장의 구석구석까지 장식했고, 시중을 드는 하인들도 옷을 단정하게 차려입었다. 바닥에는 푹신한 양탄자를 깔았고, 선왕 윌리엄의 방패는 가장 눈에 잘 띄는 벽에 걸어 놓았다. 안젤라는 그쪽 벽을 따라 식사 때 사용할 의자들을 길게 늘어놓도록 했다. 영주들이 윌리엄 왕을 잊지 않도록 하기 위한 지시였다. 안젤라는 또한 자신의 자리는 영주들보다 높게 두었다. 안젤라가 윌리엄의 유일한 혈육이며 정통이라는 것을 과시하기 위함이었다. 천장에는 거대한 원형 샹들리에를 달아 이 모든 것들이 품위 있게 빛나도록 신경 썼다.

제이슨은 1주일 전부터 성 안팎을 수시로 점검했다. 성의 벽이 튼튼한지 확인했고, 부실한 곳이 있으면 보강 공사를 했다. 성안이나 시장에 수상한 사람이 있는지를 살폈고, 조금이라도 의심가는 사람이 있으면 철저하게 조사했다. 만일의 사태에 대비해 성 곳곳에 군사들을 배치하는 것도 잊지 않았다.

영주들이 속속 성에 모습을 드러내기 시작했다. 가장 먼저 에드워드 백작이 수행원 몇 명과 함께 도착했다. 에드워드 백작은 한때는 누구도 당할 자가 없다고 할 만큼 무시무시한 용사였다. 몰락한 귀족의 자제였던 그는 전쟁에서 여러 번 공을 세워 윌리엄 왕에게 영지를 받은 후 왕국에서 큰 영향력을 지닌 영주가 되었다. 그러나 에드워드 백작은 자신의 부귀영화에는 관심이 없었고 농부들의 삶과 농업의 발전에 신경을 쏟는 걸로 유명했다. 윌리엄 왕은 생전에 그를 귀하게 여기며 가까이했다.

제이슨이 그를 맞이했다.

"에드워드 경, 참으로 오랜만에 뵙습니다."

"오, 그렇구먼. 여왕님은 안녕하신가?"

"예, 하루 종일 일만 하셔서 걱정이긴 합니다만……. 잘 지내고 계십니다."

"다행이로군. 새 시장에 대한 소문도 들었다네. 선왕을 닮으셨다면 잘해 나가실 거네. 내 도움이 필요하면 언제든 부르게."

"여왕님께 백작님의 뜻을 전하겠습니다. 분명 큰 힘이 되실 것입니다."

그 뒤로 켈른의 스미스 백작과 핸오키의 로빈슨 백작이 비슷하게 도착했다. 로빈슨은 만나는 사람마다 자신의 희생으로 여왕의 시장이 성공할 수 있었노라고 허풍을 떨었다. 그러나 사람들은 스미스 쪽으로 몰렸다. 찰스 공작의 측근인 스미스 백작이 여왕의 도움으로 산적들을 소탕하고 켈른의 경제가 다시 일어서기 시작한 이야기가 더 흥미로웠던 것이다. 사람들은 곧 마주치게 될 찰스 공작과 스미스 백작이 어떤 광경을 연출할지 기다렸다.

찰스 공작은 사람들이 연회장 안을 가득 메우고 나서야 모습을 드러냈다. 사람들은 그에게로 우르르 모여들었다. 마치 찰스가 왕이라도 되는 듯했다. 찰스는 자신에게 다가오는 사람들 중 스미스 백작을 발견하고 웃음을 터뜨렸다.

"스미스 경! 얼굴이 활짝 폈구려. 요즘 경기가 좋다는 소문이 자자하더군."

스미스 백작은 비굴한 웃음을 지었다.

"경기가 좋다니요. 사정을 모르시고 하시는 말씀입니다. 지난해에는 세금도 걷을 수가 없어서 어느 해보다 힘겹게 보냈습니다. 이제 겨우……."

찰스는 모든 사정을 꿰뚫고 있으면서도 딴청을 부렸다.

"세금을? 무슨 일로? 그쪽은 늘 안정적으로 세금이 걷히는 곳이 아니던가?"

"아이고, 말도 마십시오. 여왕님의 명령이었습니다. 그 덕에 저는 지난 1년 동안 손가락만 빨았지 뭡니까."

"올해가 보장되었으니 잘된 일 아닌가."

스미스 백작이 손바닥을 비비며 말했다.

"무슨 말씀이십니까. 보장된 것은 아무것도 없습니다."

"대가가 보장되지도 않은 일에 협조하다니, 여왕님에 대한 자네의 충성심이 얼마만큼 큰지 알겠네."

"그, 그건……."

"걱정 말게. 여왕께서 어련히 잘 돌보아 주시겠는가."

찰스가 차갑게 돌아섰을 때였다. 우렁우렁한 목소리가 연회장 뒤쪽에서 들려왔다.

"찰스 공작의 말씀이 맞네. 여왕님께서는 옹졸한 분이 아니시니 누구처럼 좀스럽게 트집을 잡아 내치지는 않으실 걸세."

에드워드 백작이었다. 어느 누구도 찰스 공작을 정면으로 비난한 적이 없었던 터라 사람들은 숨을 죽이고 에드워드 백작과 찰스 공작을 번갈아 보았다.

찰스가 에드워드에게 다가갔다. 그리고 싸늘하게 말했다.

"두고 보시오. 당신이 곧 내 앞에 무릎을 꿇을 날이 올 거요."

에드워드가 호탕하게 웃었다.

"글쎄……. 내 무릎은 내 눈보다 사람을 더 잘 알아본다오. 굽혀야 할 사람과 그렇지 않은 사람을 기가 막히게 잘 알아내거든."

에드워드는 웃음기를 걷어 내고 엄숙하게 말했다.

"왕은 하늘이 내리시는 거라오. 성서에 손을 얹었을 때 부끄럼이 없어야 하는 거요. 힘이 있다고 아무나 왕이 되는 건 아니지."

"뭐, 뭐라고?"

찰스가 얼굴을 붉히며 에드워드의 앞으로 한 발 다가섰을 때였다. 연회장 입구에 있던 시종이 소리쳤다.

"여왕 폐하 납시다!"

모두들 양쪽으로 물러섰고 에드워드와 찰스도 사람들 틈에 섞여 들어갔다. 그리고 연회장으로 들어서는 여왕에게 허리를 굽혔다.

찰스는 고개를 들어 안젤라를 보았다. 안젤라는 당당하고 자신만만해 보였다. 인정하기는 싫었지만 찰스도 안젤라가 지난 1년 동안 국왕으로서 꽤 성공적인 시간을 보냈다는 것을 잘 알고 있었다.

찰스는 눈을 돌려 여왕에게 환호하는 사람들을 보았다. 1년 전만 해도 안젤라를 국왕으로 인정하지 않던 자들이 변하고 있었다. 찰스는 초조했다. 그러다 더글러스 백작이 눈에 들어왔다.

'이런, 이런! 더글러스 백작이 저렇게 혼자 외롭게 있다니!'

찰스는 그를 보고 혼자 빙긋 웃다가 안젤라에게 다가갔다.

"여왕 폐하, 나날이 아름다워지십니다!"

안젤라가 고개를 돌려 찰스를 보았다.

"오, 찰스 경이군요. 먼 길 오시느라 수고했습니다. 파티를 충분히 즐기시길 바랍니다."

"오랜만의 왕실 파티라 지체 없이 달려왔습니다. 와서 보니……."

안젤라가 걸음을 떼려다가 멈추었다.

"여왕 폐하의 소녀 취향이 잘 드러나는 파티로군요, 하하하하."

그 말에 안젤라에 대한 비웃음이 들어 있다는 것을 안젤라뿐 아니라 연회장 안의 모든 사람들이 느꼈다.

안젤라는 에머슨 신부의 충고를 떠올렸다.

'찰스 공작은 어떻게든 여왕님을 자극하려 들 것입니다. 그가 무슨 말을 하건 대수롭지 않게 받아넘기십시오. 그렇게 해서 오히려 여왕님의 품격과 위엄을 드러내십시오.'

안젤라는 미소를 지었다.

"워낙 파티를 자주 여는 찰스 공작의 말씀이시니 틀린 말이 아니겠지요. 흠, 소녀 취향이라……. 그러고 보니 그렇게 보이기도 하는군요. 알겠습니다. 다음 파티에는 찰스 공작의 말씀을 염두에 두도록 하지요."

안젤라가 아무렇지 않게 받아넘기자 찰스가 오히려 당황했다. 그러나 그도 농담이었다는 것을 강조하듯 껄껄 웃어 젖혔다.

"성이야 주인을 닮아 가는 게 당연하지요. 여왕님 덕분에 온 왕국에 봄이 가득 차는 것 같습니다."

안젤라는 찰스에게서 몸을 돌려 사람들을 향해 말했다.

"여기 계신 분들도 찰스 공작처럼 스스럼없이 저의 부족함을 지적해 주시기를 부탁드립니다. 그러나 파티 같은 사소한 일보다는 우리 왕국을 위한 충언이면 반갑겠습니다. 이 연회장을 꾸미는 일 따위야 여러분처럼 훌륭하신 분들이 궁리할 일이 아니지요. 그보다 더 시급하고 중대한 일들이 많이 있습니다."

안젤라의 말에 찰스의 얼굴이 붉으락푸르락해졌다. 뜻밖의 일격을 당한 것이다. 사람들도 그 짧은 순간 찰스와 안젤라 사이에 기 싸움이 벌어졌음을 느꼈다. 그리고 여왕이 여유 있게 찰스 공작을 눌러 버렸다는 것도 알았다.

안젤라는 찰스를 자극하는 것이 얼마나 위험한 일인지 잘 알고 있었다. 그러나 모든 사람 앞에서 여왕으로서의 위엄을 보여 주는 것도 중요했다. 자신은 누가 뭐라 해도 캘버른 왕국의 여왕이 아닌가. 찰스가 아무리 힘이 있다 한들 안젤라의 신하이며 일개 영주일 뿐이었다.

안젤라는 왕좌로 올라갔다.

"제가 왕위에 오른 지도 벌써 1년이 되었습니다. 그동안 저는 한시도 왕국에 대한 걱정을 놓은 적이 없습니다. 어떻게 하면 왕국을 굳건히 세울 수 있을까? 이것이 저의 가장 큰 관심사였습니다. 이제 여러분께도 묻겠습니다. 어떻게 하면 강한 왕국을 만들 수 있겠습니까?"

사람들은 잠시 전에 벌어졌던 여왕과 찰스 공작의 기 싸움에 놀라 아무도 입을 열지 못했다.

"건축을 예로 들어 보겠습니다. 건축에서 가장 중요한 것은 무엇입니까? 화려한 문입니까? 하늘 높이 치솟은 지붕입니까? 아니면 웅장한 외벽입니까? 아니지요. 건축에서 가장 중요한 것은 기초입니다. 기초가 튼튼하고 흔들림이 없어야 그 위에 기둥이 세워지고 지붕이 올라가는 것입니다. 기초가 약하면 그 위에 아무리 멋진 건물을 세운다 한들 결국 무너져 내릴 것입니다."

사람들이 안젤라에게 집중하기 시작했다.

"그러면 왕국의 기초는 무엇입니까? 여러분과 같은 귀족입니까, 아니면 성직자입니까? 물론 귀족과 성직자도 마치 건축물의 지붕과 외벽처럼 우리 왕국을 위해 큰 역할을 맡고 있습니다. 하지만 왕국의 가장 중요한 기초는 백성들입니다."

사람들이 술렁거렸다. 천한 백성이 왕국의 기초라니!

"농사를 짓고 양을 치고 무기를 만드는 백성들이야말로 건축에서의 기초와 같습니다. 백성들은 끼니 걱정 없이 배부르게 먹고, 외적들의 침략으로 목숨을 잃거나 노예로 팔려 가지 않고 안전하게 살아가기를 소망합니다. 그 소망을 이루어 주는 것이야말로 왕국의 기초를 다지는 길입니다."

안젤라는 사람들을 둘러보았다.

"여러분, 저는 지난 1년 동안 어째서 백성들이 가난에서 벗어나지 못하는지 고민해 왔습니다. 그들이 가난한 것이 단지 게을러서일까요?"

안젤라는 고개를 세차게 저었다.

"그렇지 않습니다! 새벽부터 저물녘까지 허리가 휘도록 일하는 농부들을 보십시오. 손이 부르트도록 망치질을 하는 대장장이들을 보십시오. 백성들이 그렇게 열심히 일하는데도 가난에서 벗어나지 못하는 것은 그들 개인의 문제가 아니라 왕국의 문제이기 때문입니다. 왕국이 부유해야 백성도 편히 살 수가 있습니다."

또다시 여기저기서 수런거리는 소리가 들려왔다.

"여러분, 여러분은 왕국을 부유하게 혹은 가난하게 만드는 가장 중요한 요인이 무엇이라고 생각하십니까?"

안젤라는 잠시 말을 멈추었다. 그러나 여전히 답을 하는 사람은 없었다.

"그것은 바로 생산성입니다. 생산성이 높은 국가는 그만큼 더 많은 상품을 만들어 낼 수 있고 결과적으로 더 부유한 국가가 됩니다. 그러니까 국가가 부유해지려면 생산성이 높아야 한다는 말입니다."

사람들은 그저 놀란 눈으로 안젤라를 바라볼 뿐이었다.
"생산성을 높이기 위해서는 분업을 발달시켜야 합니다. 그렇게 해서 백성들 각자의 생산성을 높이고 생활 수준을 향상해야 합니다. 나는 이를 위해 켈른과 핸오키의 접경지대에 시장을 열어 왕국 번영의 신호탄을 쏘아 올렸습니다. 그리고 여러분도 아시다시피 이러한 경제 정책은 성과를 나타내기 시작했습니다. 켈른의 밀 생산량이 눈에 띄게 증가했고, 핸오키에서는 농기구 산업이 크게 일어나고 있습니다."

사람들은 켈른의 스미스 백작과 핸오키의 로빈슨 백작을 돌아보았다.

"나는 앞으로도 시장을 키우고 발전시키는 경제 정책을 지속할 것입니다. 그것이 백성들의 소망을 실현할 방법이라 믿기 때문입니다. 그러나 저 혼자서는 안됩니다. 이 정책이 성공하기 위해서는 여러분의 도움이 절대적으로 필요합니다. 나는 오늘 이 자리에서 국왕의 이름으로 여러분들의 적극적인 협조를 요청하는 바입니다."

연회장 안에는 잠시 정적이 흘렀다. 그러나 누군가 박수를 치기 시작하자 모두들 잠에서 깬 듯 열렬히 박수를 쳤다. 박수 소리는 한동안 이어졌다.

안젤라는 속으로 안도의 한숨을 쉬었다. 그리고 밝은 목소리로 말했다.

"자, 이제 여러분께 소개해 드리고 싶은 분이 있습니다."

그 말과 함께 연회장 입구로 한 남자가 들어섰다.

"이번 성당 건축의 총책임자인 아모르 씨입니다. 그가 우리에게 성당에 대한 모든 것을 밝혀 줄 것입니다. 특히 여러분들이 관심을 갖고 계신 성당 벽의 조각에 대해 자세히 설명할 것입니다."

아모르의 등 뒤로 몇 사람이 둘둘 말린 종이들과 모형들을 들고 들어왔다. 건축가와 토목 기사뿐 아니라 신학자와 목수, 유리

세공사, 석공 등 사람들의 궁금증을 풀어 줄 사람들이었다.

안젤라는 왕좌에 앉아 사람들을 내려다보았다. 파티는 대성공이었다. 찰스와의 작은 마찰이 있었지만 그에게 맞선 것을 후회하지는 않았다.

아모르의 설명회가 끝나자 음악이 흘러나왔고 안젤라는 에머슨 신부와 제이슨과 함께 접견실로 향했다. 이제부터 안젤라는 영주들을 상대로 여러 가지 협상을 하고, 중요한 서류에 서명을 하고, 그들을 타일러 왕국에 유리한 일들을 해내야 했다.

안젤라는 갑자기 피로를 느꼈다. 그녀는 에머슨 신부를 올려다보았다.

"좀 쉬고 싶은데요."

"그럼 잠시 쉬시고 일을 보도록 하십시오. 여왕님 곁에는 제가 있으니 마음 놓으세요."

제이슨은 시종을 불러 케이트를 불러오라 했다. 밝고 명랑한 케이트가 지친 안젤라의 기분을 낫게 할 수 있을 것 같았기 때문이었다. 케이트는 한달음에 달려와 안젤라의 발치에 쭈그려 앉았다.

"여왕님, 히마리온이 궁금하지 않으세요?"

"아아, 히마리온! 그래, 우리 히마리온은 요즘 어떻지?"

"제가 매일 운동을 시켜 주기는 하지만 성에 안 차는 눈치예요.

여왕님께서 시장에만 몇 번 데리고 가셨지 요즘 좀 멀리하셨잖아요."

안젤라는 히마리온을 몰고 사냥을 다니던 때가 까마득하게 느껴졌다.

"좀처럼 시간이 나야 말이지."

에머슨 신부가 둘의 대화에 끼어들었다.

"히마리온에게 운동도 시킬 겸 에드워드 경의 영지로 나들이를 한번 다녀오심이 어떻겠습니까?"

"그곳엔 왜요?"

"에드워드 경은 거의 농업 전문가라 할 수 있습니다. 새로운 유형의 쟁기를 보급하는 데 힘썼을 뿐 아니라 다른 농기구들도 많이 들여왔다고 합니다. 그가 농업을 얼마나 발전시켰는지 눈으로 직접 보시는 것도 나쁘지 않을 것 같습니다."

"아, 아버지도 생전에 에드워드 경에 대한 이야기를 많이 하셨어요."

제이슨도 한마디 끼었다.

"에드워드 경은 기적의 성모상을 공개하던 날, 실력 행사를 하려는 못된 자들을 막아 내기도 했습니다."

안젤라가 놀랍다는 듯 되물었다.

"그게 사실인가?"

"예, 사실입니다. 에드워드 경은 작은 영지의 영주들을 불러 모아 방패처럼 성을 둘러싸게 했습니다."

안젤라는 새로이 기운이 솟는 걸 느꼈다.

"그래, 조만간 짬을 내서 에드워드 백작의 영지를 한번 둘러보기로 하지."

안젤라는 그날의 남은 일정을 모두 소화하고 늦은 밤이 되어서야 침실로 향할 수 있었다. 그녀는 침실에 걸려 있는 아버지의 초상화를 올려다보았다.

"아버지, 캘버른 왕국을 발전시키고 아버지의 원수를 벌하겠어요. 언제가 될지는 모르지만 차근차근 해 나갈 거예요. 저를 도와주시고 보살펴 주세요."

안젤라는 하루 종일 강행군을 했기 때문에 파김치가 되어 침대에 들어가자마자 깊은 잠 속으로 빠져들었다.

15. 불이야!

　왕실에서의 파티 이후 귀족들은 만나기만 하면 찰스 공작이 어린 여왕에게 밀려 얼굴이 붉어진 것을 보았느냐며 수군거렸다. 그들은 여전히 찰스를 두려워했지만 안젤라의 능력도 인정하기 시작했다. 무엇보다 신선하고도 따뜻했던 안젤라의 연설이 새 국왕에 대한 기대를 키웠다.

　왕국에 불어온 새로운 분위기는 안젤라가 두 번째 시장을 준비하는 데 큰 힘이 되었다. 문제는 위치였다. 안젤라는 거의 매일 에머슨 신부를 만나 두 번째 시장에 관해 의견을 주고받았다.

　그러는 동안 어느덧 에드워드 백작의 영지를 방문하기로 한 날이 되었다. 안젤라는 수행 인원을 최소한으로 줄이라고 지시했지만 여왕의 행차이니만큼 그 인원은 꽤 많았다. 제이슨이 이끄는 호위 무사만 해도 스무 명이었고 여왕의 군사는 쉰 명이나 되었다. 에머슨 신부와 위슬리 백작, 그리고 케이트도 일행에 참가했다.

한꺼번에 많은 사람들을 데리고 성을 비우게 되었지만 더글러스 백작이 남아 있어서 안젤라는 별다른 걱정은 하지 않았다. 그는 아버지와 각별한 사이였고, 노련한 사람이었다.

성을 벗어나자 안젤라는 오랜만에 소풍을 가는 기분이었다. 히마리온을 타고 케이트와 잡담을 하며 안젤라는 하늘을 올려다보았다. 맑은 하늘에 구름이 몇 조각 떠 있었다.

"이런 날씨에는……."

눈치 빠른 케이트가 바싹 다가왔다.

"폐하, 여기까지 왔는데 사냥을 나가 보시면 어떨까요?"

안젤라는 말없이 히마리온의 목덜미를 살살 어루만졌다. 그럴 수는 없었다. 영주들이 호의적으로 변했다고는 하나 아직까지는 안젤라의 입지가 단단하다고 말할 수 없었다. 또 두 번째 시장 준비에 박차를 가해야 할 시기이기도 했다. 이런 중요한 때에 자신의 즐거움을 위해 시간을 낭비해서는 안 될 일이었다. 그녀는 마음을 다잡듯 히마리온을 몰아 앞으로 나섰다.

"이랴!"

성 앞에서는 에드워드 백작이 안젤라를 기다리고 있었다.

"누추한 곳까지 행차해 주시니 영광입니다."

"아버지께 말씀 많이 들었습니다. 진작 찾아뵙고 싶었어요."

에드워드 백작의 얼굴에 미소가 번졌다. 할아버지가 대견하고 사랑스러운 손녀를 보는 듯한 미소였다.

"어서 성안으로 드셔서 짐을 풀고 좀 쉬시지요."

에드워드 백작이 안내한 안젤라의 방은 햇볕이 잘 들고 창밖 풍경이 평화로운 곳이었다. 안젤라는 안전하고 따뜻한 대접을 받으니 오랜만에 몸과 마음이 풀어지는 것 같았다.

안젤라가 에드워드 백작의 영지에서 느긋한 시간을 보내고 있던 바로 그 시간, 더글러스 백작은 찰스 공작의 심복인 존의 방문을 받았다. 존은 보통 사람보다 머리 하나가 더 큰 장사여서 가까이 있는 것만으로도 상대방에게 위압감을 주는 사람이었다.

"언제까지 어린 소녀의 뒤치다꺼리만 하고 계실 겁니까? 언제까지 소꿉놀이를 지켜보기만 하실 겁니까? 만약 지금 당장 다른 나라와 전쟁을 치른다고 생각해 보십시오. 어떻게 되겠습니까?"

존의 말이 빨라지고 커질수록 더글러스 백작의 한숨은 길어졌다.

"찰스 공작께서는 언제든 더글러스 경을 받아들일 준비가 되어 있으십니다."

두 사람은 긴 이야기를 나누었다.

그로부터 이틀 후였다. 시장은 여느 때처럼 북적거렸다. 필요한 물건을 싸게 사려는 손님들, 조금이라도 더 나은 값을 받으려는 상인들의 소리로 요란했다. 거래를 하다가 싸움이 벌어지기도 했고 손쉽게 흥정이 이루어져 술집으로 향하는 사람들도 있었다.

시장 곳곳에는 거지들도 많았다. 그들은 주로 물건을 사러 오는 사람들 곁에 달라붙어 한 푼만 달라고 귀찮게 굴었다. 때로는 여자와 아이를 위협하기도 했다.

시장 상인 중 한 사람이 고개를 갸웃했다.

"오늘따라 거지들이 왜 이렇게 많은 거야?"

다른 상인이 그 말을 받았다.

"여왕님이 성을 비우신 걸 거지들도 안 게지."

"그런데 저 거지들, 구걸보다는 사람들 괴롭히는 걸 더 즐기는 거 같지 않나?"

그렇게 상인들이 의심을 시작할 즈음 거지들의 약탈이 시작되었다. 여기저기서 거지들을 막으려는 상인들의 아우성이 들렸고 장을 보러 나온 사람들의 비명 소리도 이어졌다.

상인들이 불만을 터뜨렸다.

"시장을 지키는 군사들은 모두 어디 있지?"

"모두 여왕님을 따라간 거 아니야?"

그때 시장 구석에서 다급한 소리가 들려왔다.

"불이야!"

"불이 났다!"

반대쪽에서도 비명 소리가 났다.

"불이야! 불!"

상인들은 어쩔 줄을 몰라 우왕좌왕했다.

"물! 물을 가져와!"

상인들은 화재가 난 곳에 물을 끼얹기 시작했다. 그러나 불길은 걷잡을 수 없이 번져 시장 안의 모든 상점을 태울 기세였다. 상인들은 일단 가게 안의 물건들을 빼냈다.

그때 성에서 한 무리의 군사들이 나왔다. 그들은 재빨리 시장에서 가장 가까운 개울까지 줄을 서더니 물을 퍼 나르기 시작했다. 넋을 놓고 있던 상인들도 다시 움직였다.

군사들의 지시대로 일사불란하게 움직이자 불길이 서서히 잡히기 시작하더니 마침내 완전히 꺼졌다. 물건들을 미리 안전한 장소로 빼놓은 덕분에 피해는 생각보다 적었다. 물론 가게들이며 창고가 타고 다친 사람들도 일부 있었지만 처음 불의 기세에 비하면 다행이라 생각할 정도였다.

상인들은 삼삼오오 모여 화재에 대해 이야기를 했다.

"그런데 누구지? 갑자기 성에서 나온 군사들 말이야."

"글쎄, 여왕님의 기사단 같지는 않던데?"

그때 군사들이 성으로 돌아가기 위해 줄지어 지나갔다. 상인들이 그들 곁으로 다가가 물었다.

"당신들은 누구입니까?"

우두머리인 듯한 사람이 온몸에 묻은 검댕을 떨며 말했다.

"우리는 여왕님을 위해 그늘에서 일하는 자들이오."

그들은 더 이상의 대답은 피한 채 서둘러 자리를 떠났다.

안젤라는 왕국에 도착하자마자 시장에 불이 났다는 보고를

듣고 얼굴이 하얘졌다.

"피해는 어느 정도인가요? 상인들은 어쩌고 있나요?"

더글러스 백작이 조심스럽게 말했다.

"다행히 일찍 불길을 잡아서 피해가 크지는 않습니다."

"화재의 원인은 무엇이죠?"

"그것이 아직⋯⋯. 시장 상인들 말로는 거지들 때문에 한바탕 소란이 있었다는데 화재와 무슨 연관이 있는지는 아직 알 수가 없습니다."

"거지들이 소동을 피웠다고요? 흔히 있는 일인가요?"

"거지들이야 늘 있습니다. 간혹 다툼이 벌어지는 것도 사실입니다. 그러나 크게 말썽을 부렸던 적은 없는 걸로 알고 있습니다만⋯⋯."

안젤라가 자리에서 일어났다.

"내가 직접 가서 보아야겠습니다."

신하들이 놀라 안젤라를 말렸다.

"여행에서 방금 돌아오시지 않았습니까? 휴식을 좀 취하신 다음에 나가 보시는 게 좋을 것 같습니다."

"아직 시장이 어수선하니 다음에 행차를 하십시오."

안젤라는 고개를 저었다.

"아닙니다. 하루아침에 큰 손해를 본 상인들이 얼마나 상심했겠습니까? 그들을 위로하고 희망을 보여 주는 것이 제가 할 일입니다."

안젤라는 더글러스 백작과 제이슨, 에머슨 신부와 함께 시장으로 향했다. 시장에는 군데군데 화재의 흔적이 보였고 상점의 수도 줄어 있었다. 시장을 찾는 사람들도 드물었다.

안젤라가 시장을 살피는 동안 상인들 사이에 여왕이 왔다는 소문이 퍼졌다. 상인들은 여왕 주위로 모여들었다. 제이슨은 바짝 긴장했다. 그는 만일의 사태를 대비해 군사들이 여왕을 에워싸게 했다.

안젤라가 제이슨을 돌아보았다.

"무슨 일인가?"

"시장 상인들이 모여들고 있습니다. 빨리 성으로 돌아가시는 게 좋겠습니다."

"그들이 내게 할 말이 있는 게 아니냐? 그렇다면 들어 봐야지."

"상인들의 대표를 성으로 부르시면 됩니다. 지금 이런 자리는 위험합니다."

"어째서 위험하다고만 하는가? 가장 솔직하고 직접적인 이야기를 들을 수 있는 기회다."

안젤라가 군사들을 뚫고 사람들 앞에 섰다. 그러자 웅성거리고 있던 상인들이 소리쳤다.

"우리의 여왕님이시다!"

"여왕님 만세!"

"여왕 폐하 만세!"

안젤라는 놀랐다. 화재로 인한 불평불만을 터뜨릴 것이라고 각오하고 있었기 때문이었다. 안젤라가 한 발 앞으로 나섰다.

"이번 화재로 얼마나 놀라셨습니까? 그런데도 이렇게 신속하게 다시 시장을 연 여러분의 용기에 말할 수 없이 큰 감동을 받았습니다. 그 어떤 고난이 와도 여러분의 용감한 정신을 꺾을 수는 없을 것입니다. 저는 화재 원인을 밝히고, 시장을 완벽하게 다시 세우기 위해 여러분에게 지원을 아끼지 않을 것을 약속드립니다. 여러분도 왕국에 바라는 것이 있다면 말씀해 주십시오."

안젤라의 말이 끝나자마자 상인들은 시장을 보호할 장치를 만들어 달라거나 성과 직접 연결되는 통로를 설치해 달라는 등의 요구를 했다. 안젤라는 상인들의 말에 하나하나 답을 하며 요구를 들어주겠노라고 약속했다.

  이야기가 마무리될 즈음 한 사내가 말했다.

  "불이 크게 번질 뻔한 것을 여왕님을 위해 그늘에서 일한다는 자들이 와서 막아 주었습니다. 그들 덕에 우리 시장이 이렇게라도 살아날 수 있었습니다. 그 사람들에게 상을 내려 주십시오."

  안젤라가 어리둥절해하자 제이슨이 낮게 속삭였다.

  "켈른에서 데려온 산적들을 말하는 겁니다. 제가 없는 동안 시장의 안전을 지키는 일을 맡겨 보았습니다."

  안젤라의 얼굴에 모처럼 미소가 번졌다.

  "그들은 당연한 일을 한 것입니다. 그러나 그들이 공을 세웠고 여러분의 청이 있으니 상을 내리도록 하겠습니다."

  안젤라의 말에 상인들이 만세를 불렀다. 사람들이 잠잠해지기를 기다려 안젤라가 다시 입을 열었다.

  "이 기회에 저도 여러분께 한 가지 건의를 하겠습니다. 다시는 이런 일이 있어서는 안 되겠지만, 만일의 사태를 준비해야 합니다. 이번처럼 화재가 나거나 혹시라도 전쟁이 터질 경우를 대비해야 한다는 말입니다. 예를 들어 시장 가까운 곳에 물 창고를 만들어 두면 물을 찾아 허둥대다가 불길이 거세지는 것을 미리 막을 수 있을 것입니다."

상인들이 수군댔다.

"그거 참 좋은 생각이네, 안 그런가?"

"나이 어린 여왕님께서 보통이 아니시네."

"빛을 뿜는 성모께서 선택하신 왕이라 하늘이 보살피신다고 하더군."

상인들은 다시금 "여왕 폐하 만세!"를 외쳤고 안젤라는 흡족하게 성으로 돌아갈 수 있었다.

에머슨 신부가 안젤라에게 말했다.

"어쩌면 그렇게 배짱이 좋으십니까? 화가 난 상인들이 폭도로 돌변할 수도 있었습니다. 이번에는 저도 조마조마했습니다."

안젤라가 담담하게 말했다.

"내 백성 앞에 나서는 것을 두려워한다면 그게 어찌 진정한 국왕이겠습니까?"

그날 밤 제이슨이 안젤라를 찾아왔다.

"화재 전 난동을 부리던 거지들에게서 빼앗은 물건 중 수상한 게 있습니다."

"그게 뭐지?"

"드라이크에서만 사용하는 무기입니다."

"드라이크에서만 사용하는 무기? 그런 게 있는가?"

"예. 그곳 장인들만 만들어 내는, 손잡이가 독특한 칼이 있습니다."

안젤라는 제이슨이 건네준 칼의 손잡이를 이리저리 돌려 보고는 고개를 절레절레 흔들었다.

16. 거지와의 대화

시간이 지나 시장이 완전히 예전의 모습을 되찾자 안젤라는 두 번째 시장을 열기 위해 서둘렀다. 우선 현재 시장과 거리가 떨어져 있고 교통이 좋은 곳을 골랐다. 몇 군데 후보지가 나왔지만 마음에 꼭 차는 곳을 찾기는 쉽지 않았다.

안젤라는 에머슨 신부와 제이슨을 대동하고 성에서 떨어져 있는 다른 시장들을 둘러보기로 했다. 그러기 위해 우선 거칠고 투박한 평민의 옷을 구했다. 얼굴을 가리기 위해 챙이 넓은 모자도 썼다. 그리고 허름한 마차를 빌려 어느 정도까지 가다가 시장이 보이기 전에 마차에서 내려 걸어가기로 했다.

시장에 도착하자 안젤라는 상인들에게 물건 값을 물어보기도 하고 상품의 질을 꼬치꼬치 따지기도 했다. 빵과 포도주 등을 사며 그들이 늘어놓는 이야기를 한없이 듣기도 했다. 시장 상인 중 어느 누구도 그녀가 여왕일 거라고는 상상도 하지 못했다. 안젤라는 그것이 더 신기한 듯했다. 그러나 몇 발짝 뒤에서 안젤라를 따르고 있는 제이슨은 진땀이 났다. 낯선 곳인 데다가 만일의 사태가 벌어졌을 때 도움을 받을 군사도 없었기 때문이었다. 누군가가 안젤라에게 다가갈 때마다 제이슨은 칼을 찬 허리춤으로 손을 가져갔다.

안젤라가 시장의 이쪽 끝에서 저쪽 끝까지를 다 둘러보자 제이슨은 이제 임무가 끝나나 보다고 생각했다. 그러나 안젤라는 갑자기 큰길을 벗어나 좁은 골목길로 들어섰다.

"아이고!"

제이슨은 저도 모르게 탄식을 하며 안젤라의 뒤를 따랐다.

시장의 뒷골목에는 식당과 주점들이 늘어서 있었는데, 잘 정돈되고 반듯한 시장과는 달리 너저분하고 음침했다. 골목 입구에는 구걸하는 사람이 보였고 아이들이 이리저리 뛰어다니고 있었.

안젤라는 이리저리 둘러보다가 졸고 있는 거지에게 다가갔다. 누덕누덕하고 더러운 옷을 걸친 그 남자는 한쪽 다리의 무릎 아래가 없었다. 거지가 인기척을 느끼고 눈을 뜨자 안젤라는 시장에서 산 빵을 내밀었다.

"이것 좀 드시겠어요?"

남자는 빵과 안젤라를 흘긋 번갈아 보더니 곧 빵을 받아 입 속에 욱여넣었다. 안젤라는 남자가 그 큰 빵을 남김없이 다 먹어 치우는 것을 보고 포도주를 건네주었다. 그는 이번에도 포도주를 병째 들고 벌컥거렸다.

마침내 남자가 입가를 닦으며 안젤라를 보았다.

"내게 원하는 게 뭐요, 아가씨?"

"원하는 거 없어요."

"그럴 리가 있나? 이렇게 푸짐한 식사를 내놓고 아무것도 원하는 게 없다니. 내가 꼴은 이래도 왕년에는 알아주던 장인이었소. 귀족이고 농부고 간에 많은 사람들을 만나 봤다오. 그래서 사람은 좀 볼 줄 알지. 아가씨는 지금 내게 부탁할 게 있는 거야."

안젤라의 눈이 장난스럽게 반짝였다.

"그렇다면……. 제가 어떤 사람인지 알아맞혀 보시겠어요?"

남자가 눈을 가늘게 뜨고 안젤라를 살펴보더니 말했다.

"말투나 행동거지를 보면 아주 귀한 사람인데 옷차림새는 그렇지 못한 것을 보니……. 그래, 몰락한 귀족이로군. 그렇지?"

안젤라가 맞장구를 쳐 주었다.

"어떻게 그렇게 잘 아세요?"

남자가 약간 거들먹거리며 말했다.

"아주 곤란한 것을 부탁하려는 모양이지? 뭐든 말해 보슈."

"아저씨의 지난 이야기를 들려주시면 어떨까요? 빵과 포도주 값으로 말이에요."

"까짓 거 못 해 줄 것도 없지. 내 배를 오랜만에 행복하게 해 준 아가씨의 부탁인데 말이야."

남자는 한때 꽤 유명한 갑옷 제조자였다. 그가 만든 갑옷은 맞춤옷처럼 편하다고 소문이 자자해서 다른 왕국에서까지 그의 갑옷을 사려는 사람들이 찾아올 정도였다.

"그렇게 되자 윌리엄 왕께서 다른 왕국에는 갑옷을 팔지 말라는 명령까지 내리셨지."

그는 손재주가 있는 데다가 장사 수완도 좋고 거기다 운도 꽤 따르는 편이었다. 손대는 사업마다 크게 번창하여 웬만한 귀족이 부럽지 않을 정도로 큰 재산도 모을 수 있었다.

그러던 어느 날, 남자는 늘 하던 일이었는데도 깜빡 실수하는 바람에 한쪽 다리를 잃고 말았다. 그는 긴 치료를 하며 방황한 탓에 오랜 시간을 허비했다. 그러는 동안 그 많던 재산을 탕진했다. 친구도 가족도 모두 남자의 곁을 떠났다. 다시 정신을 차렸을 때 그에게 남은 것은 아무것도 없었다. 남자는 겨우 농기구를 만드는 작은 공장에 막일꾼으로 취직했다.

"하지만 그마저도 오래 할 수가 없었다오."

안젤라는 안타까움에 절로 목소리가 커졌다.

"왜죠?"

"농기구가 잘 팔리자 여기저기 농기구 공장이 너무 많이 생겨났지. 요즘은 망하는 농기구 공장이 한둘이 아니라오. 그중 하나가 내가 다니던 공장이었소. 그래서 지금 이 꼴이 된 거지."

안젤라는 남자와 헤어지고 나서 에머슨 신부에게 말했다.

"신부님, 저는 지금까지 시장이 큰 성공을 거두었다고 알고 있었습니다. 그런데 방금 그 남자는 공장들이 문을 닫고 있다고 하는군요. 왜 공장들이 문을 닫는 거죠? 우리가 알고 있던 것과는 다르잖아요?"

에머슨 신부가 담담하게 설명을 시작했다.

"아시다시피 초기에는 시장을 믿지 못하고 농기구 생산에 참여하지 않는 장인들이 많았습니다. 그러나 시장이 꾸준히 발달하자 눈치를 살피던 장인들이 너 나 할 것 없이 농기구 생산에 뛰어들었습니다. 그러다 보니 시장에서 팔리는 양보다 훨씬 많은 농기구가 생산되었지요. 결국 안 팔리는 농기구가 생겨나고, 급기야 기술이 떨어지거나 생산성이 낮은 공장들은 하나둘 문을 닫을 수밖에 없게 된 겁니다."

"이 상황을 막을 방법이 있겠지요? 제가 어떻게 해야 할까요?"

에머슨 신부가 고개를 저었다.

"세상에는 '보이지 않는 손'만이 할 수 있는 일이 있습니다."

안젤라가 믿기지 않는다는 듯 되물었다.

"제가 할 수 있는 일이 없다는 말씀이세요?"

"예, 그렇습니다. 왜 여왕님께서 당장 하실 일이 없는지를 설명하려면 먼저 '수요'와 '공급'에 대해 아셔야 합니다."

안젤라는 실망감을 감추고 에머슨 신부의 이야기에 집중했다.

"어떤 물건을 팔려고 시장에 내놓는 것을 공급, 반대로 어떤 물건을 사려고 시장에서 구하는 것을 수요라고 합니다. 공급은 '팔자.', 수요는 '사자.'로 생각하시면 됩니다."

안젤라는 말없이 고개만 끄덕였다.

"방금 들은 시장의 상황을 이 용어들을 써서 설명하면 어떻게 될까요?"

안젤라는 천천히 단어들과 시장 상황을 짚어 보았다.

"농기구들을 '사자.'보다 '팔자.'가 많았으니……. 수요보다 공급이 많은 거죠?"

"바로 맞히셨습니다! 그렇다면 지금과 같은 상황이 계속된다면 어떤 일이 일어날까요?"

"글쎄요…….."

"여왕님께서 농기구를 만드는 장인이라고 상상해 보십시오. 어떻게 하시겠습니까?"

안젤라가 곰곰 생각하더니 자신 없게 대답했다.

"음……. 잘 안 팔리니까 농기구를 좀 덜 만들지 않을까요?"

"공급을 줄이겠다는 말씀이시군요. 좋습니다. 또 어떤 방법이 있을까요?"

"만들어 놓은 것은 일단 팔아야 할 테니……. 가격을 좀 내려 볼까요?"

"이거 놀라운데요? 여왕님께서는 장사 수완도 있으시군요! 가격이 내려가면 당연히 농기구를 사겠다는 수요가 늘어나겠지요. 그런데 말입니다. 가격을 내렸는데도 만든 게 다 안 팔린다면 어떡하지요?"

안젤라가 주저하며 말했다.

"공급을 더 줄이고……. 가격을 더 내리겠어요."

"그렇지요. 공급이 수요를 초과하는 한 여왕님께서는 공급을 줄이고 가격을 낮추는 일을 계속하셔야 할 겁니다. 그런데 언제까지 그래야 할까요? 언제까지 공급을 줄이고 가격을 낮춰야 할까요?"

"수요와 공급이 일치할 때까지인가요?"

에머슨 신부는 손뼉까지 치며 놀라워했다.

"정말 대단하십니다! 이렇게 단번에 맞히실 줄은 몰랐습니다. 여왕님 말씀대로 수요와 공급이 일치하면 더 이상 생산을 줄이거나 가격을 내릴 필요가 없겠지요."

안젤라는 얼결에 한 말인데 맞다고 하자 쑥스러웠다.

"지금까지 배운 걸 되짚어 볼까요? 공급이 수요를 초과하는 상황에서는 가격이 내려가게 됩니다. 언제까지 내려갈까요? 수요와 공급이 일치할 때까지 내려갑니다. 이걸 다르게 말하면 공급이 수요를 초과하는 상황에서는 가격이 내려감으로써 수요와 공급이 일치하도록 만들어 준다고 할 수 있습니다."

에머슨 신부는 계속해서 말했다.

"지금 시장은 농기구의 공급이 수요보다 많은 상황입니다. 이제 아마 많은 장인들이 여왕님이 대답하셨던 것처럼 생산량을 줄이고 가격을 낮출 것입니다. 기술이 떨어지고 생산성이 낮은 장인들은 아예 공장 문을 닫기도 하겠지요. 아까 그 사람의 공장처럼 말입니다. 이런 과정을 거쳐 시장에서 농기구의 수요와 공급이 일치하게 됩니다. 하루아침에 이루어지지는 않지만 결국 장인들이 만들어 내는 농기구의 양과 시장에서 팔리는 농기구의 양이 서로 맞아떨어지게 되지요."

"참 신기하군요!"

하루 종일 시장을 돌아다니고 사람들을 만나느라 지쳤을 법도 했지만 안젤라는 그 어느 때보다 초롱초롱했다. 안젤라는 에머슨 신부와 대화를 나눌 때면 새로운 세계에 눈을 뜨는 것 같았다. 에머슨 신부도 늘 열심인 여왕과의 공부를 즐겼다. 그러면서 안젤라야말로 지금까지 어느 국왕도 못 했던 일을 해낼 수 있으리라는 희망을 품게 되었다.

"이번에는 반대의 경우를 생각해 볼까요? 다시 말해 장인들이 생산해 내는 농기구가 적어서 농민들이 농기구를 구하기 어렵다면 어떤 일이 벌어질까요?"

안젤라는 조금 전보다는 여유 있게 대답할 수 있었다.

"그러니까 수요가 공급보다 많다는 거지요? 제가 장인이라면……."

"그렇습니다. 어찌시겠습니까?"

"제가 만드는 물건이 시장에서 구하기 힘들다면……. 가격을 좀 올려도 되겠지요? 그리고 생산을 더 늘리겠어요. 다 팔려 나간다면 말이에요."

"그렇지요. 그러면 가격이 오르니까 아무래도 시장에서 농기구를 사려는 수요는 조금 줄겠지요? 물건값이 비싸졌으니까요."

안젤라가 눈을 반짝였다.

"아, 알겠어요! 수요가 공급보다 많으면 가격이 올라가고, 그에 따라 다시 공급은 늘고 수요는 줄어드는 거지요? 결국 가격은 수요와 공급이 일치할 때까지 올라가는 거네요?"

"정확하게 맞히셨습니다. 시장에는 수요와 공급이 일치하지 않을 때마다 가격이 변동하면서 수요와 공급을 다시 일치시켜 주는 능력이 있습니다. 그래서 시장에 보이지 않는 손이 있다고 말하는 겁니다."

안젤라가 감탄하며 말했다.

"아까 말씀하신 보이지 않는 손이라는 게 그런 뜻이었군요! 정말 국가는 시장의 문제에 대해 전혀 개입할 필요가 없겠네요. 시장에서 발생하는 문제는 보이지 않는 손이 해결해 주니 말이에요."

그러나 에머슨 신부는 고개를 저었다.

"보통은 그렇습니다만 시장이 항상 보이지 않는 손의 역할을 성공적으로 해내는 것은 아닙니다. 특히 '독점'은 심각한 문제를 일으키기 때문에 국가가 나서서 독점이 발생하지 않도록 막아야 합니다."

"독점이라고요?"

"예, 한 명의 개인이나 하나의 단체가 시장을 지배하여 이익을 독차지하는 상황을 독점이라고 합니다. 또 한 명은 아니더라도 소수의 몇 명이 지배하는 상황을 '과점'이라고 부릅니다. 독점이든 과점이든 시장이 몇몇에 의해서만 지배되면 보이지 않는 손이 효과적으로 작동하지 않습니다."

"왜 그렇지요?"

"시장이 보이지 않는 손에 의해 효율적으로 움직이는 것은 자유롭고 공정한 경쟁 덕분입니다. 경쟁이 있기 때문에 공급자들은 조금이라도 가격을 낮추고 품질을 더 좋게 만들기 위해 노력합니다. 그러지 않으면 경쟁자에게 고객을 뺏기고 말 테니까요. 경쟁 덕분에 효율적인 생산자들만이 시장에서 살아남고 그렇지 못한 생산자는 쫓겨납니다. 그래서 국가의 개입 없이도 시장은 항상 효율적인 생산자들을 골라내는 역할을 하는 거지요."

"그렇군요……."

"그런데 한 명 혹은 소수의 생산자가 시장을 지배한다면 어떻게 될까요?"

안젤라가 신중하게 대답했다.

"경쟁이 없어지겠지요."

"바로 그겁니다. 독과점 상태에서는 경쟁이 없기 때문에 생산자가 가격을 낮추고 품질을 향상시키려고 노력할 필요가 없습니다. 어차피 손님들이 빠져나갈 곳이 없으니까요. 또 자신들의 우월한 힘을 이용해 새로운 경쟁자가 시장에 들어오는 것을 막아 버리기도 하지요. 그래서 독과점 상태에서는 사람들이 품질 나쁜 상품을 비싼 값에 사게 됩니다. 또 신제품을 개발할 생산자가 등장하는 것도 어려워지지요. 이 모든 피해는 결국 백성들에게 돌아갑니다."

에머슨 신부는 안젤라의 이해를 돕기 위해 예를 들어 설명했다.

"시장이 경기장이라고 상상해 보십시오. 국가는 심판이 되어 선수들 간에 자유롭고 공정한 경쟁이 일어나도록 해야 합니다. 다시 말해 국가는 시장에서 일어나는 세세한 일은 보이지 않는 손에게 맡기고 간섭하지 말아야 하지만, 독점이나 과점은 막아줘야만 합니다."

"잘 알겠습니다. 신부님께서 잘 인도해 주세요."

안젤라는 두터운 벽을 본 기분이었다. 그러나 그 벽은 안젤라의 의지를 더욱 굳게 만들었다.

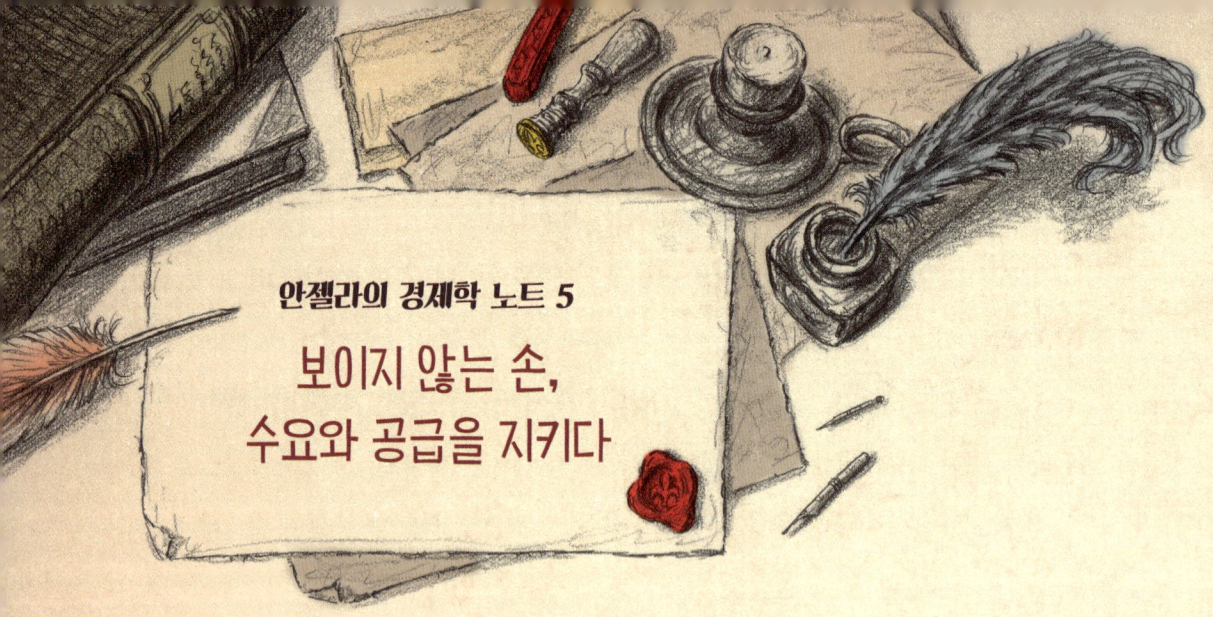

안젤라의 경제학 노트 5
보이지 않는 손, 수요와 공급을 지키다

물건을 팔려고 시장에 내놓는 것을 **공급**, 반대로 물건을 시장에서 구하는 것을 **수요**라고 해. 뒷골목에서 만난 거지의 공장이 문을 닫은 건 농기구의 공급이 수요보다 많아서였어. 그럴 때는 농기구의 생산량을 줄이고, 가격을 낮춰야 해. 수요와 공급이 일치할 때까지 말이야.

반대로 수요가 공급보다 많으면 어떨까? 장인들이 생산하는 농기구가 적어서 농민들이 농기구를 구하기 어렵다면? 그러면 농기구값을 좀 올리고 더 만들어 내도 되겠지. 결국 수요와 공급이 일치할 때까지 가격과 생산량이 변하는 덕분에 장인들과 농민들은 서로 만족스럽게 교환을 할 수 있어.

농기구 말고도 많은 물건들이 어떻게 만들어져 우리 손에 도달하는지 참 신기해. 누가 우리의 마음을 읽고, 원하는 물건들을 알아내서 생산하는 걸까? 여기에는 크게 두 가지 방법이 있어. 하나는 국가가 조정하는 방식이고, 다른 하나는 시장이 조정하는 방식이야.

국가가 생산을 조정하는 방법을 **계획 경제**라고 불러. 계획 경제에서는 어떤 물건이 얼마나 필요한지를 국가가 판단해. 그리고 그 물건들을 누가 얼마만큼 생산할지도 국가가 결정해서 지시해. 하지만 복잡하고 변화무쌍한 인간의 욕망을 국가가 어떻게 다 파악할 수 있겠어?

반면 **시장 경제**에서는 어떤 물건을 누가 얼마만큼 생산할지에 대해 국가가 간섭하지 않고 시장에서 모든 것을 결정하도록 해. 사람들이 어떤 물건을 많이 찾으면 가격이 오르겠지만, 공급도 저절로 늘어나서 결국에는 사람들의 욕구를 충족해 주거든. 이처럼 시장이 물건의 가격과 생산량을 저절로 조정해 사람들이 원하는 대로 재화와 용역을 생산하고 소비할 수 있도록 하는 기능을 **보이지 않는 손**이라고 표현해.

그런데 보이지 않는 손이 제대로 움직이지 않는 경우도 있어. 한 명이나 소수의 공급자가 시장을 지배하는 상황을 **독점**과 **과점**이라고 하는데, 이 상황에서는 보이지 않는 손이 효과적으로 움직이지 못해. 예를 들어 공급하는 사람이 별다른 경쟁 없이 값비싸고 질 나쁜 상품만을 만들 수도 있는 거지. 이럴 때에는 국가가 심판처럼 나서서 독점과 과점을 막아야 해.

'삐이익!' 나는 공정한 심판이야!

17. 소매치기 아이들

안젤라와 에머슨 신부는 이야기를 나누며 천천히 걸었다. 골목 안에서는 여전히 아이들이 떼로 다니며 장난을 치고 있었다. 안젤라가 아이들과 부딪칠까 봐 몸을 비키던 순간이었다. 한 아이가 안젤라를 밀쳐 넘어뜨렸다. 에머슨 신부가 깜짝 놀라 안젤라를 부축하고 제이슨이 달려오는 사이 아이는 후다닥 골목을 빠져나갔다. 나머지 아이들도 순식간에 사라져 버렸다.

제이슨은 안젤라가 다치지 않은 것을 확인하고는 아이들이 사라진 쪽을 향해 달려갔다. 그러나 아이들의 모습은 찾을 수 없었다. 제이슨은 자신이 안젤라를 제대로 호위하지 못했다며 자책했다.

안젤라가 고개를 저었다.

"아니야. 제이슨의 잘못이 아니야. 그보다 그 아이는 뭐지? 나

한테 왜 그런 거야?"

"소매치기 같습니다. 여왕님, 지니고 계신 물건 중 없어진 게 없는지 한번 확인해 보십시오."

"소매치기라고? 그 작은 아이가?"

안젤라가 자신의 소지품을 살펴보더니 한숨을 쉬었다.

"지갑이 없어졌어. 하지만 뭐 돈도 별로 안 들었고……."

대수롭지 않게 말하던 안젤라가 갑자기 허둥댔다.

"내 목걸이가 없어!"

별 장식 없이 펜던트 가운데 작은 성모상만이 조각된 소박한 목걸이지만 그것은 어머니가 남긴 유품이었다. 안젤라는 가슴 한쪽이 잘려 나간 듯 쓰라렸다.

제이슨이 고개를 숙였다.

"정말 죄송합니다. 제가 좀 더 주의 깊게 살폈어야 했는데……. 군사를 풀어서라도 그놈들을 꼭 잡겠습니다."

안젤라는 지금껏 모든 일이 잘 되어 나가고 있다고 믿고 있었다. 그러나 오늘 안젤라가 본 것들은 그 성공이 진정한 성공이 아니라는 것을 말해 주는 듯했다.

안젤라는 에머슨 신부를 바라보았다.

"켈른에서 산적들이 활개 치던 때를 기억하시지요? 저는 조금

전 그 아이들의 미래가 그들과 같지 않을까 겁이 납니다."

에머슨 신부도 무겁게 고개를 끄덕였다.

"아마도 그렇게 되기 쉬울 겁니다."

"제가 시장을 열고 왕국을 부강하게 만들려는 목적이 결국은 가난한 백성들을 구제하고 그들이 행복하게 살게 하려는 것인데, 모두 헛된 꿈인가요? 시장이 성공해서 사람들 살림살이가 나아졌다고들 하는데 거지와 소매치기 아이들이 있다니……. 뭔가 잘못되었어요."

에머슨 신부가 안젤라를 다독였다.

"경제를 발전시키고 왕국을 부강하게 하려면 시장은 시장의 일을 해야 하고, 왕국은 왕국의 일을 해야 합니다."

"왕국의 일이라니요? 제가 더 할 수 있는 일이 있을까요?"

"지금까지 공부했던 대로 수요와 공급이 불균형해서 발생하는 일들은 원칙적으로 시장의 보이지 않는 손에 맡겨야 합니다. 그러나 시장이 할 수 없는 일들도 많이 있습니다."

"그게 뭐죠?"

"보이지 않는 손은 시장의 수요와 공급은 잘 조절하지만 백성들의 복지에 관한 일은 아무것도 해결하지 못합니다. 바로 여기에 왕국이 할 일이 있습니다."

안젤라의 눈이 반짝였다.

"자세히 말씀해 주세요."

"소매치기 아이들을 이대로 방치하면 결국 여왕님이 걱정하시는 대로 산적이나 좀도둑이 되기 쉬울 것입니다. 하지만 만약 이들이 교육을 받아서 기술을 익히고, 글을 읽으며, 신앙심과 사회 윤리를 몸에 익힌다면 어떻게 될까요?"

"산적이나 소매치기가 아닌 다른 사람이 될 수도 있겠군요."

"그렇습니다. 각자의 재주와 노력에 따라 어떤 아이들은 기술을 가진 장인으로, 또 어떤 아이들은 밭을 일구는 농민으로, 또 다른 아이들은 시장 상인으로 자라날 수 있을 것입니다. 한 사람이 성실한 일꾼으로 성장하는 것은 개인에게도 중요하지만 국가적으로도 아주 중요한 일입니다. 그 아이들이 부랑아나 도적으로 자라난다면 국가는 이들의 범죄를 막고 처벌하는 일에 많은 대가를 치러야 할 것입니다."

안젤라가 맞장구를 쳤다.

"맞아요! 많은 인원의 경비대가 필요하고 주기적으로 이들을 소탕하기 위한 작전도 펼쳐야 하지요. 지난번 켈른의 산적들처럼 말이에요."

"그렇지요. 하지만 소매치기 아이들이 건전한 장인과 농민, 그리고 상인으로 성장한다면 그런 사회적 비용이 줄어들 뿐만 아니라 그들이 직접 공산품과 농작물의 생산과 교환에 기여하겠지요. 물론 가난한 아이들을 구제하고 교육하는 데에도 비용이 듭니다. 그러나 이들이 부랑자나 도둑으로 자라나서 왕국에 끼칠 해악과, 그들이 선량한 장인, 농민, 상인으로 자라나서 만들어 낼 사회적 가치를 따져 보면 미래에 생겨날 이익이 지금 당장의 비용보다 크다고 생각합니다."

안젤라는 에머슨의 이야기를 듣고 단단하게 뭉쳐 있던 가슴이 좀 풀어지는 기분이었다.

"그러니까 지금 당장 비용이 든다 해도 결국에는 손해나는 일이 아니라는 말씀이시지요?"

에머슨 신부가 고개를 끄덕였다.

"그렇습니다. 그런데 그 투자를 누가 할까요? 농민들이? 장인들이? 아니면 상인들이 그 일을 할까요?"

"그럴 거 같지는 않네요."

"그렇죠. 결국 이런 일은 시장이 아니라 국가가 해야 하는 것입니다."

안젤라는 곰곰 생각하다가 말했다.

"농민, 장인, 상인에게 걷는 세금으로 교육과 복지 정책을 추진

하면 되겠군요."

에머슨 신부는 자신이 설명하는 것을 여왕이 제대로 이해하고 그다음까지 생각해 내는 것을 보고 놀랐다.

"맞습니다! 바로 그런 데 쓰라고 왕국이 세금을 걷는 것입니다."

안젤라는 어떤 생각이 떠올랐다.

"수도원에 빈민 구호소와 교육 기관을 만들어 운영해 보는 건 어떨까요? 필요한 비용은 왕국에서 대고요."

에머슨 신부는 고개를 절레절레 흔들며 미소 지었다.

"오늘 저를 여러 번 놀라게 하십니다. 사실 수도원에서는 가난한 자들을 구제하는 일에 항상 관심을 가지고 있습니다만 규모도 작고 효과 또한 보잘것없었습니다. 하지만 왕국에서 나선다면 복지 사업의 규모를 확대해서 왕국 전체가 그 효과를 피부로 느낄 수 있도록 노력해 보겠습니다."

18. 빅토리아의 방문

　두 번째 시장을 준비하고 빈민 구호소를 계획하느라 안젤라는 바쁜 나날을 보내고 있었다. 안젤라는 빈민 구호소를 수도원 밖에 두되 수도원과 연결되는 구조로 지으라고 명령했다. 수도원의 엄숙하고 무거운 분위기 때문에 빈민 구호소에 가기를 꺼려하는 사람들이 없기를 바란 것이다. 에머슨 신부도 안젤라의 의견에 찬성하였다.

　늘 조용하기만 했던 수도원은 공사가 시작된 이후 북적거렸다. 수도원 근처에는 공사장을 들락거리는 장인들과 인부들에게 돈을 받고 잠자리를 제공하는 곳들이 생겨났다. 술집도 들어서고 상인들도 모여들었다.

　어느 날 안젤라는 수도원 원장실에서 에머슨 신부와 함께 공사 감독관의 설명을 듣고 있었다. 빈민 구호소 건물의 크기에 관해 안젤라와 에머슨 신부의 의견이 달랐기 때문이었다. 안젤라는 될 수 있으면 많은 사람들이 왕국의 빈민 구호소를 이용하기를 원했다. 그리고 아이들을 위한 교육 시설도 만들기를 바랐다. 그러나 에머슨 신부는 그러자면 공사가 커져서 시일이 많이 걸릴 것이며 큰돈이 한꺼번에 들어간다고 반대했다.

"지금의 계획만 해도 원래 있는 구호소의 세 배는 족히 됩니다. 그리고 너무 크게 지었다가 텅텅 비게 되면 그것도 우스운 일이 될 것입니다."

"그러면 아이들을 위한 공간은 어쩌고요?"

"그건 수도원 내의 시설을 이용하면 됩니다."

두 사람이 옥신각신하고 있는데 감독관이 큼큼 헛기침을 했다.

"제가 한 말씀 올려도 될까요?"

안젤라가 감독관에게로 몸을 돌렸다.

"말해 보시오."

"지금은 이대로 공사를 하되 나중에 구호소를 더 넓힐 수 있도록 하는 겁니다. 그러니까 땅은 확보해 두고 앞으로 확장할 가능성까지 생각해서 설계를 하면 어떨까요?"

에머슨 신부가 무릎을 쳤다.

"그거 좋은 방법이로군!"

안젤라도 고개를 끄덕였다.

"아쉽지만 나쁘지 않군요. 당분간 교육 시설을 수도원 안에 두었다가 건물을 확장할 때 그쪽으로 옮긴다는 거지요? 아무튼 신부님의 고집을 누가 꺾을 수 있겠어요? 이 왕국에서 제게 이렇게 고집을 부리는 분은 신부님 한 분뿐일 겁니다."

안젤라의 말에 에머슨 신부와 감독관이 웃음을 터뜨렸다.

그때 수도사 한 명이 들어와 성에서 사람이 찾아왔다는 소식을 알렸다. 에머슨 신부가 수도사에게 고개를 끄덕이자 바로 케이트가 들어왔다.

"여왕 폐하, 성에 손님이 찾아오셨습니다."

성에는 놀랍게도 찰스의 동생 빅토리아가 안젤라를 기다리고 있었다. 한때 안젤라와 빅토리아는 자매처럼 가까운 사이였다. 안젤라와 찰스의 결혼 이야기가 처음 나왔을 때 가장 먼저 반대한 사람이 바로 빅토리아였다.

"내 오빠지만 절대 안 돼! 찰스는 너를 행복하게 해 줄 사람이 아니야. 나는 네가 불행해지는 건 참을 수 없어."

"하지만 아버지께서……."

"너에겐 제이슨이 있잖아. 제이슨과 결혼해."

안젤라는 깜짝 놀랐다. 그리고 곧 웃음을 터뜨렸다.

"빅토리아! 제이슨은 내 친구야. 어렸을 때부터 죽 우린 친구였다고!"

"제이슨은 그렇게 생각하지 않아. 제이슨은 오래전부터 널 사랑해 왔어."

그날 이후 안젤라는 결혼과 제이슨에 대해 다시 생각했고 결국 찰스 공작과의 결혼 이야기는 무산되었다. 훗날 빅토리아 때문에 일이 틀어진 것을 안 찰스는 불같이 화를 냈고 두 남매의 관계는 회복하지 못할 정도로 나빠졌다. 그런 빅토리아가 안젤라를 찾아온 것이다. 안젤라는 반가움에 빅토리아를 얼싸안았다.

"그동안 어떻게 지냈어? 늘 궁금했어."

예전처럼 친근하게 대하는 안젤라에게 빅토리아는 무릎을 굽히고 절을 하며 예의를 차렸다. 이제 안젤라는 여왕이고 빅토리아는 신하의 신분이기 때문이었다.

"여왕 폐하의 건강하신 모습을 뵈니 기쁘기 그지없습니다."

안젤라가 빅토리아의 손을 잡아 일으켰다.

"정말 보고 싶었어. 여기서 같이 살자고 하고 싶었는데……."

"말씀만으로도 정말 고맙습니다. 하지만 지금 그런 이야기를 할 때가 아닙니다. 저는 오늘 여왕 폐하께 닥칠지도 모를 위험에 대해 알려 드리려고 왔습니다."

안젤라가 멈칫했다.

"구체적인 것은 모릅니다. 다만 여왕님을 해치려는 음모가 있다는 것만 알게 되었습니다. 더 자세한 것을 알아보려 했지만 역부족이었습니다."

오랜만에 드라이크를 방문한 빅토리아는 오빠인 찰스 공작이 여왕을 해칠 계획을 짜고 있음을 알게 되었다. 빅토리아는 구체적인 음모 내용을 알아내기 위해 드라이크 성을 샅샅이 뒤지고 다니다가 또다시 찰스의 눈 밖에 났고, 찰스는 빅토리아를 아예 영지 밖으로 내쫓은 것이었다.

빅토리아가 떠난 후 안젤라는 제이슨을 불러 빅토리아의 이야기를 들려주었다. 두 사람은 오랜 시간 찰스 공작의 음모에 맞설 대책을 논의했고 밤이 깊어서야 제이슨은 여왕의 처소에서 나올 수 있었다.

제이슨은 하늘을 올려다보았다. 둥근 달이 떠 있었다. 제이슨은 그 달을 보며 기도했다.
"여왕님을 지켜 주십시오. 이 왕국을 지켜 주십시오."

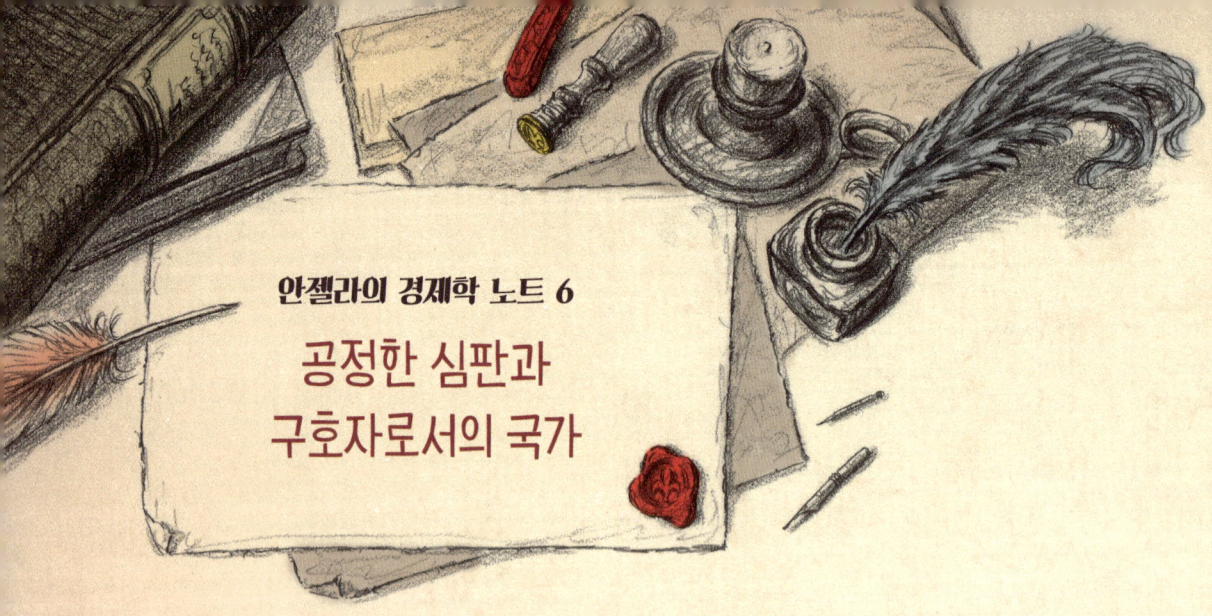

안젤라의 경제학 노트 6
공정한 심판과 구호자로서의 국가

시장이 경제를 효과적으로 운영하는 과정은 마치 시합을 통해 뛰어난 선수를 뽑는 것과 같아. 여러 음식점이 경쟁을 한다고 생각해 봐. 음식점들은 서로 손님을 끌기 위해 다른 가게보다 맛있고 양 많은 요리를 싼 가격에 제공하겠지. 경쟁에서 승리한 음식점은 수입이 늘고 번창할 거야. 반대로 실패한 음식점은 문을 닫아야겠지. 이렇게 승자와 패자가 나뉘는 것은 시장이 경제를 효율적으로 이끄는 과정에서 필연적으로 생기는 결과야.

그런데 만약 시합이 공정하지 못하다고 생각해 봐. 반칙이 난무하는 경기 말이야. 거기서는 실력이 뛰어난 선수가 아니라 반칙을 가장 잘 저지르는 선수가 승리하지 않겠어? 그래서 경기마다 규칙이 있고 심판이 있는 거야. 시장도 마찬가지야. **공정한 경쟁**이 이루어지지 않으면 경제가 효율적으로 돌아가는 게 아니라 오히려 불공정한 일들이 생겨날 거야. 그래서 국가는 소수가 시장을 지배하지 못하도록 규칙을 만들고, 규칙을 위반한 사람을 처벌하는 심판 역할을 해야 해. 그러지 않으면 최고의 선수가 아니라 최고의 반칙왕을 뽑게 된다고.

 마지막으로 국가가 해야 할 중요한 일이 하나 있어. 바로 **교육과 복지 정책**이지. 경쟁에서 탈락했다고 해서 인간다운 삶을 누릴 수 없어서는 절대 안 돼. 뒷골목의 소매치기 아이를 떠올려 봐. 국가는 그런 아이들이 왕국의 성실한 일꾼으로 자라날 수 있도록 백성들에게 기초적인 교육을 제공할 책임이 있어. 또 시장의 경쟁에서 탈락하고 만 가난한 사람들에게 최소한의 생활을 보장해 줄 복지 정책도 펼쳐야 하지. 부모가 나가서 일을 하는 동안 어린아이를 보살펴 줄 탁아소를 세우는 것도 바로 시장이 아닌 국가의 몫이야.
 왜 국가가 경쟁에서 탈락한 사람들까지 구해 주어야 할까? 이건 논리나 수학적인 문제라기보다는 인권을 지키기 위해서야. 인간으로서 당연히 가지는 기본 권리 말이야. 그리고 경쟁에서 탈락한 빈곤층이 넘쳐나고 빈부 격차가 심해지면, 과연 국민들이 한마음으로 뭉칠 수 있겠어? 복지는 국가의 안정을 위해서도 꼭 필요해.
 휴, 공부를 하면 할수록 알아야 할 게 더 많다는 걸 느껴. 앞으로도 나의 경제학 공부는 계속될 거야.

19. 불길한 징조

두 번째 시장은 첫 번째 시장보다 규모가 컸는데도 금세 자리가 꽉 찼다. 첫 번째 시장이 성공을 거두었다는 소문이 퍼져 이번 시장은 처음부터 많은 상인들이 모여들었기 때문이었다. 특히 드라이크에서 온 상인들이 눈에 띄게 많았다.

안젤라가 에머슨 신부에게 물었다.

"왜 그들이 우리 시장에 몰려온 거죠? 찰스의 속셈이 아닐까요?"

"그렇지는 않은 것 같습니다. 하지만 이 일은 찰스 공작을 충분히 자극하겠는데요?"

"드라이크 상인들이 자발적으로 이곳에 온 거라면……. 그렇겠군요. 여태까지는 드라이크 시장이 가장 크고 활발한 곳이었는데 그곳 상인들이 빠져나갔으니 말이에요."

"찰스 공작의 자존심이 많이 상했을 겁니다."

안젤라가 이마를 찌푸렸다.

"그러면 어쩌죠?"

"우리가 어쩔 수 있는 일은 아닙니다. 어쨌든 이번 시장도 성공했다는 증거이기도 합니다. 찰스 공작에게는 불쾌한 일이지만 다른 영주들은 분명 다르게 생각할 것입니다."

두 번째 시장은 나날이 번창했다. 성당과 빈민 구호소 건축도 차근차근 성과를 보이고 있었다. 무엇보다 성당 벽에 조각을 새기는 아이디어 덕에 자금도 충분히 모였다. 귀족뿐 아니라 재산을 크게 모은 상인이나 장인들까지 큰 금액의 성금을 납부하고 성당 벽에 자신의 모습이 영원히 새겨지기를 원했기 때문이었다. 그 기부자 목록의 가장 위쪽에 찰스 공작의 이름이 있었다.

그러던 어느 날 저녁, 메리가 허둥지둥 안젤라의 처소로 달려왔다. 메리의 얼굴은 창백하게 질려 있었다. 낮 시간의 바쁜 일정을 마치고 잠시 쉬고 있던 안젤라가 물었다.

"왜 그래? 무슨 일이야, 유모?"

"이, 이걸 어떻게 말씀드려야 좋을지……."

메리의 손에는 검게 변한 은 숟가락이 들려 있었다. 안젤라가 의자에 기댔던 몸을 일으켜 세웠다.

"독약!"

드디어 빅토리아가 말했던 일이 눈앞에 나타난 것이다. 안젤라는 아버지인 윌리엄이 당했던 것처럼 넘어가지는 않겠다고 입을 앙다물었다. 안젤라는 식사 전 은밀하게 에머슨 신부와 제이슨을 불렀다. 그리고 식사 후 처소로 돌아가서는 모든 일정을 취소했다.

며칠이 지나도록 안젤라는 밖으로 나오지 않았고 성을 중심으로 안젤라에 대한 소문이 흉흉하게 떠돌았다.

"여왕님께서 독약을 마셨다는 소문, 자네 들었나?"

"그게 사실이란 말인가?"

"그렇지 않고서야 그 부지런한 여왕님께서 1주일이 넘도록 모습을 보이지 않으실 리가 없잖은가?"

"그러고 보니 수상한 게 또 하나 있는데……."

한 사람이 주위를 둘러보며 낮게 말했다.

"여왕님보다 먼저 모습을 보이지 않은 사람들이 있다고 하더군."

"무슨 소리야?"

"드라이크에서 온 상인들이 언제부턴가 사라졌다는 소문이야."

"그게 뭐 어쨌다는 건가? 거기 상인들이 없어졌다고 우리 시장이 흔들리지야 않지."

"그런 말이 아닐세. 주로 철제 농기구를 생산하던 장인들이 없어졌어. 그게 무슨 뜻인지 모르겠나?"

"철기를 생산하던 장인들이라면……. 원래 무기를 만들던?"

소문은 꼬리에 꼬리를 물고 거세게 번져 나가 찰스 공작의 귀에까지 전해졌다.

"여왕이 모습을 보이지 않은 지 1주일이 넘었단 말이지? 흠……. 드디어 움직일 때가 되었군."

찰스 공작은 안젤라를 독살하는 일도, 더글러스 백작을 매수하는 일도 성공했다고 믿었다.

며칠 후, 드라이크의 군사들은 한밤중에 성을 나섰다. 수백 명의 군사와 수십 마리의 말들이 한꺼번에 움직이자 땅이 흔들리는 것 같았다. 사람들은 불안에 떨며 문을 꼭꼭 닫아걸었다.

드라이크의 군사가 캘버른 왕국의 성 앞에 이르렀을 때는 계획대로 새벽이 밝아 오기 전의 가장 깜깜한 시간이었다. 군사들은 이미 왕국이 자기들 손안에 들어온 듯 기세등등했다. 찰스는 어둠에 쌓인 캘버른 성을 바라보며 미소 지었다.

'이제 저 성은 내 것이야. 이 왕국 전체가 곧 내 것이 되는 거지!'

찰스의 생각을 읽기라도 한 듯 곁에 있던 존이 음흉하게 웃었다.

"폐하! 이 왕국은 폐하의 것이옵니다!"

찰스의 입꼬리가 슬쩍 올라가더니 뒤따라오는 군사들을 향해 외쳤다.

"자, 앞으로! 나를 따르라!"

20. 캘베른 성을 지켜라!

소리 죽여 이동하던 드라이크의 군사들은 이제 더 이상 조심하지 않았다. 그들은 고함을 내지르며 앞으로, 앞으로 달려 나갔다. 삽시간에 성 앞은 말발굽 소리와 함성으로 가득 찼다.

한달음에 성문 앞에 당도한 찰스가 문득 고개를 갸웃했다.

"이상하지 않은가?"

존이 돌아보았다.

"왜 그러십니까?"

"너무 조용해. 기분 나쁘게 조용해."

"쥐새끼들처럼 꼭꼭 숨은 모양입니다, 하하하."

찰스가 이마를 찡그렸다.

"아니야, 그렇지가 않아. 이건 좀 불길한데?"

존은 어이가 없다는 듯 말했다.

"신중하신 것도 좋지만 주저하는 모습을 보이시면 군사들의 사기가 꺾일 수도 있습니다. 지금 우리가 망설일 일이 뭐가 있습니까? 살았는지 죽었는지 모르지만 여왕이 독약을 먹은 것은 확실해 보이고, 군사도 우리가 많습니다. 게다가 저쪽에는 더글러스 백작도 있지 않습니까?"

찰스도 그리 생각했지만 무언가 개운치 않은 기분이 들었다.

"더글러스 백작도 지금쯤 왜 군사들이 움직이지 않는지 이상하게 여길 것입니다."

찰스가 드디어 고개를 끄덕였다.

"알았다. 신호를 보내라."

찰스의 말이 끝나기가 무섭게 존은 앞으로 달려 나가며 횃불을 흔들었다. 그 신호와 함께 더글러스 백작이 성문을 열어 주면 이 전투는 싱겁게 끝나고 말 것이다.

찰스와 드라이크의 군사들이 성문이 열리기를 기다리며 성문 앞에 바짝 다가갔을 때였다.

"슈우웅!"

느닷없이 성으로부터 수십, 수백 개의 화살이 날아오기 시작했다. 캘버른 왕국의 군사들이었다. 드라이크의 군사들은 갑작스런 화살 세례에 혼비백산했다. 말들도 놀라 이리저리 날뛰고, 벌써

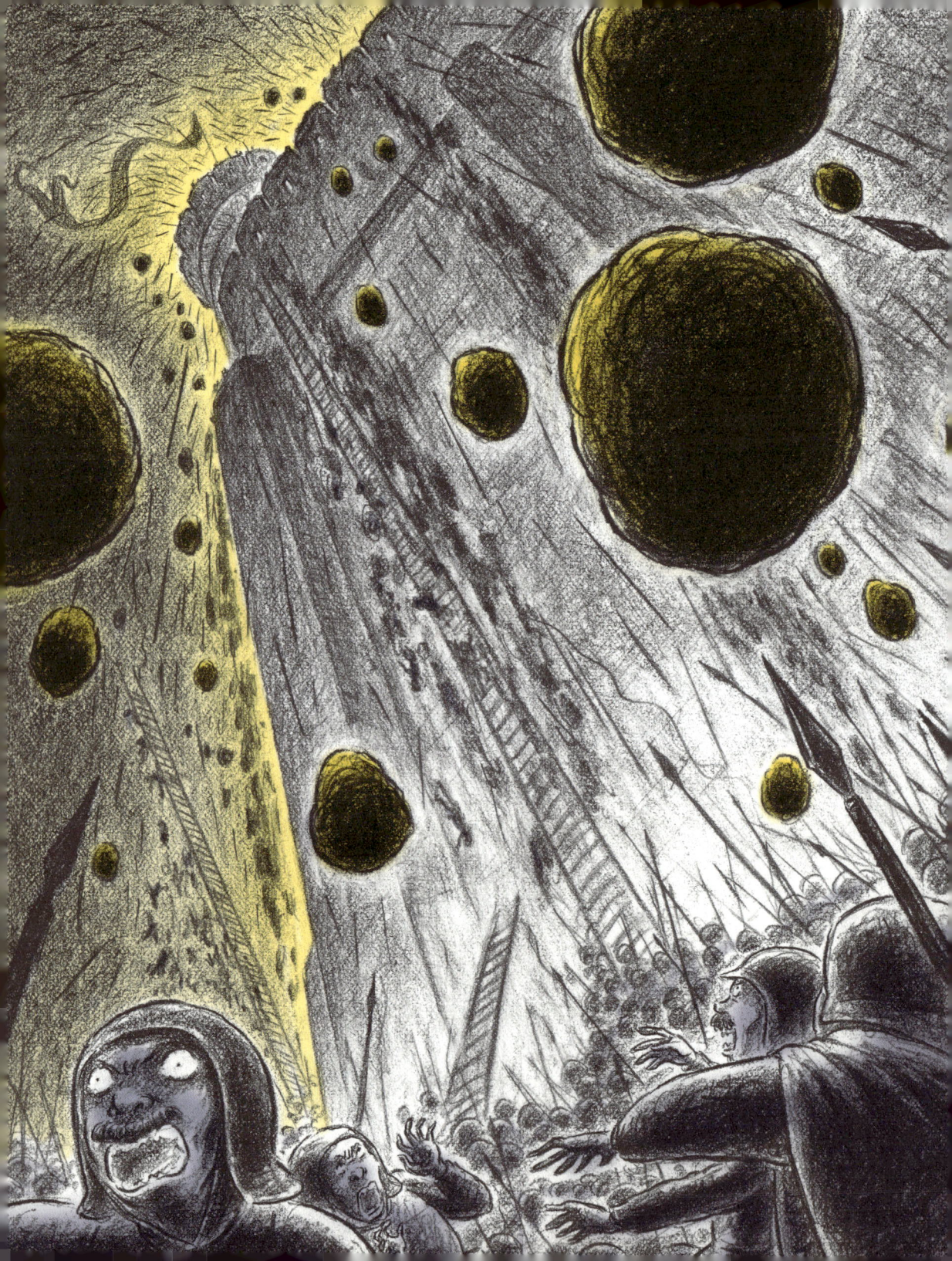

화살에 맞아 고꾸라진 군사도 여럿이었다. 가장 앞자리에 있었던 존도 어깨에 화살을 맞았지만 깊이 박히지 않아 바로 빼낼 수 있었다. 찰스가 소리쳤다.

"물러서라! 물러서라!"

존이 다친 어깨를 부여잡고 다가와 소리쳤다.

"왜 뒤로 물러나라 하십니까? 본때를 보여 줍시다!"

찰스가 벌컥 화를 냈다.

"더글러스 백작은 어떻게 된 것이냐? 네가 분명 틀림없다고 하지 않았느냐?"

"그, 그건……. 하지만 성문쯤이야 그깟 늙은이 도움 없이도 박살낼 수 있습니다!"

군사들도 소리쳤다.

"성문을 부숴 버립시다!"

"저들은 오합지졸일 뿐입니다!"

찰스도 왕국의 군사쯤이야 금방 제압할 수 있겠다는 생각이 들었다. 그는 군사들에게 다시 명령했다.

"성을 포위해라! 외부와의 접촉을 차단해라!"

"성문을 부숴라!"

드라이크의 군사들이 방패를 머리 위로 치켜들고 "와와!" 함성을 지르며 다시 달려 나갔다. 그러고는 앞다투어 성벽을 타고 올랐다. 존은 성문을 부수기 위해 수레를 끌고 왔다.

"쿵! 쿵!"

수레가 여러 번 부딪치자 성문이 흔들리기 시작했다. 사다리와 말뚝도 동원됐다. 투석기도 맹활약을 펼쳤다.

"부숴라!"

"죽여라!"

왕국의 군사들도 맹렬히 싸웠다. 성벽 위로 기어오르는 드라이크의 군사들에겐 뜨거운 물과 기름을 쏟아부었고, 성문을 부수려는 군사들에겐 커다란 돌을 던졌다. 성문 안팎으로 비명소리가 끊이질 않았다.

밀고 밀리는 전투가 아침까지 이어졌다. 찰스는 왕국의 저항이 이렇게까지 거셀 줄은 미처 예상하지 못했다. 시간이 지날수록 드라이크 군사들의 얼굴에는 당황하는 기색이 역력했다.

찰스가 그런 군사들 사이를 돌아다니며 전투는 곧 끝날 것이라고 소리칠 때였다. 성에서 날아온 화살 하나가 찰스의 말에 명중했다. 찰스가 말과 함께 꼬꾸라지자 드라이크의 군사들은 크게 동요하기 시작했다.

존이 급히 다른 말 한 마리를 구해 왔다.

"어서 말에 오르십시오."

찰스는 육중한 자신의 몸과 갑옷의 무게 때문에 존의 부축을 받으면서도 뒤뚱거려야 했다. 성 위에 있던 캘버른 왕국의 군사들이 그 광경을 보고 웃음을 터뜨렸다. 찰스는 얼굴을 붉히며 존에게 화풀이를 했다.

"어디서 이런 보잘것없는 말을 가져온 게냐?"

존은 기가 막혔다. 하지만 그것이 문제가 아니었다. 드라이크의 군사들 중 도망가는 자들이 생겨나기 시작한 것이다. 한두 명이 도망을 가자 너도나도 대열을 이탈하고 있었다. 그건 이 전투의 분위기가 캘버른 왕국에게 유리한 쪽으로 기울어졌다는 뜻이었다.

찰스는 엉망으로 흐트러진 자신의 군대를 돌아보고 마침내 신음처럼 명령을 내뱉었다.

"군사를 돌려라. 드라이크 성으로 돌아간다."

존이 펄펄 뛰었다.

"이대로 물러난다고요? 말도 안 됩니다!"

"여기서 우리가 더 할 게 없다. 일단 물러나서……."

"하지만……. 온 왕국에 창피를 당하고 말 겁니다."

찰스가 버럭 소리를 질렀다.

"그걸 누가 몰라? 누굴 바보로 아는 거야? 네가 장담하던 더글러스는 도대체 어떻게 된 거냐? 성문을 열어 주기로 한 영감은 어디로 갔느냔 말이다! 너는 돌아가서 그 책임을 져야 할 것이다!"

존은 등허리가 서늘해지는 것을 느꼈다. 처음부터 더글러스 백작을 우리 편으로 끌어들일 수 있다고 호언장담을 한 사람은 찰스 공작이었다. 자신은 그저 계략을 전하는 심부름만 했을 뿐이었다. 그런데 이제 와서 찰스 공작은 모든 책임을 자기에게 덮어씌우고 있었다.

존은 찰스 공작을 가장 가까이에서 모시면서 그가 자신의 성에 차지 않는 인물들을 어떻게 제거하는지 보아 왔다. 그중에는 평생 공작에게 충성했던 부하들도 있었다. 이번에는 존의 차례일지도 몰랐다. 아니, 확실히 그럴 가능성이 높았다.

존은 화를 삭이느라 씩씩거리는 찰스 공작을 보며 그의 곁을 떠나기로 마음을 굳혔다. 그러나 어디로 갈지가 문제였다. 우선 찰스가 바로 드라이크로 돌아가는 것만은 막아야 했다. 드라이크 성에 도착하는 즉시 자신의 목숨이 위태로워질 게 뻔했다. 존은 열심히 머리를 굴려 한 가지 생각을 해냈다.

존이 찰스의 비위를 맞추며 말했다.

"일단 켈튼으로 가는 겁니다. 거기서 스미스 백작에게 원군을 요청해서 다시 캘버른 왕국을 치는 겁니다. 그러면…….”

찰스의 눈이 번쩍했다.

'그럴듯해. 드라이크의 군사가 패해서 돌아갔다고 믿는 왕국의 뒤통수를 치는 거야.'

찰스는 당장 퇴각을 명령했고 드라이크의 깃발이 후퇴하는 방향을 가리켰다. 캘버른 성에서 환호성이 터져 나왔다.

드라이크의 군사들은 한낮이 되어 스미스 백작의 영지인 켈른에 도착했다. 켈른의 성이 보이자 찰스는 기운이 새로이 솟는 것 같았다. 이제 부상당하고 지친 군사들을 켈른에서 쉬게 하고, 스미스 백작의 군사를 보태 치욕을 되갚을 차례였다.

"성문을 열어라!"

찰스가 기세 좋게 성문을 두드렸으나 어찌 된 일인지 아무 기척이 없었다. 한 번, 두 번, 세 번……. 아무리 두드리고 소리쳐도 성문은 꿈쩍도 안했다. 찰스는 머리끝까지 화가 났다.

"스미스, 이놈! 성문을 열어라!"

그러나 켈른 성은 조용하기만 했다. 상상도 못 해 본 일이었다.

이를 지켜본 군사들이 대놓고 도망을 가기 시작했다. 소란을 틈타 존마저도 사라져 버렸다.

　찰스는 비참한 마음으로 드라이크로 발길을 돌렸다.

21. 도망자가 된 찰스 공작

 반으로 줄어든 군사들을 이끌고 찰스 공작은 드라이크 성으로 돌아왔다. 그러나 어떻게 된 일인지 드라이크 성문도 굳게 닫힌 채 열리지 않았다. 켈른에서 일어난 일만으로도 분통이 터져 죽을 지경이었던 찰스는 자기 성 앞에서까지 같은 일이 벌어지자 미친 사람처럼 날뛰었다.
 "어떤 놈이 꾸물거리는 게냐? 어서 성문을 열어라!"
 찰스가 고래고래 소리를 지르자 성 위에서 누군가가 나타났다.
 "벌써 돌아오셨습니까?"
 성이 산비탈에 있는 데다가 성벽 위라 잘 보이지는 않았지만, 분명 제이슨의 목소리였다. 찰스의 얼굴이 하얗게 질렸다.
 "네, 네놈이 어떻게……."
 찰스는 그제서야 성의 가장 높은 탑 위에서 펄럭이고 있는 켈

버른 왕국의 깃발을 보았다. 찰스가 왕국을 치기 위해 성을 비운 사이 제이슨이 도리어 드라이크 성을 접수해 버린 것이다.

"찰스 공작! 당신은 왕국의 평화를 깨고 여왕께 도전했소! 이제 그 대가를 치르게 될 것이오!"

찰스는 완전히 이성을 잃었다.

"안젤라는 국왕의 자격이 없다! 그녀는 아무 경험도 없는 애송이일 뿐이야!"

제이슨이 호통을 쳤다.

"국왕은 신이 내리는 분이오! 신성한 왕의 권위를 부정하는 반역은 곧 신의 명을 거역하는 것이오! 오직 신만이 국왕을 선택하고 처벌할 수 있소!"

제임스의 말에 드라이크의 군사들이 술렁거렸다. 자신들이 찰스 공작을 따라 캘버른 성을 공격한 것이 신의 명을 거역하는 것이라는 말에 두려움을 느꼈던 것이다.

찰스는 군사들의 동요를 막기 위해 안간힘을 썼다.

"아니다! 안젤라는 신이 선택한 군주가 아니다!"

그때 제이슨의 뒤로 존이 모습을 드러냈다.

"찰스 공작! 당신은 선왕을 암살한 것도 모자라 안젤라 여왕까지도 독살하려 했소. 내가 이미 그 증거물들을 다 넘겼소. 목숨을 구하기는 어려울 거요!"

존은 켈른 성이 열리지 않는 것을 보고 재빨리 줄행랑을 쳤다. 그런데 자신의 짐을 정리하려고 드라이크로 돌아와 보니 거기에는 이미 캘버른 왕국의 깃발이 걸려 있었다. 존은 바로 항복하고 찰스의 범죄 사실을 낱낱이 고했던 것이다.

찰스는 발을 동동 구르며 소리쳤다.

"네가 감히…… 나를 배반해? 당장 네 목을 치겠다!"

말은 그렇게 했지만 찰스가 할 수 있는 일은 없었다. 남은 군사는 초라했고 자신은 늙고 볼품없는 말을 타고 있었다.

찰스가 더 이상 버틸 수 없어 말을 돌릴 때였다.

존이 드라이크의 군사들을 향해 외쳤다.

"찰스 공작을 생포해 오면 여왕님께서 너희들의 죄는 덮어 주실 거다!"

드라이크의 군사들이 수런거렸다. 평소에는 찰스를 두려워하며 눈도 맞추지 못하던 군사들이 점점 찰스 주위로 모였다.

찰스 공작은 이제 체면이고 뭐고를 생각할 처지가 아니었다. 그저 살아남기 위해 자기를 붙잡으려는 자기편의 군사들을 헤치고 말을 달려 도망갔다.

한편 캘버른 성은 축제 분위기였다. 성 안마당에는 군사들과 시종들과 기사들이 한데 어울려 먹고 마시며 춤을 추고 노래를 불렀다. 사람들은 왕국에서 가장 강력한 드라이크 군사들을 무찔렀다는 것에 흥분했다.

    캘버른 왕국에서는 전투가 시작되기 전만 해도 여왕이 죽었다는 소문에 군사들의 사기가 걱정스러웠다. 그러나 그 소문은 오히려 군사들의 분노를 불러일으켰다. 특히 켈른에서 온 산적 출신 군사들은 자신들을 거두어 준 여왕의 복수를 하자며 똘똘 뭉쳤다. 덕분에 다른 군사들도 기세를 올릴 수 있었고 마침내 캘버른 성을 굳건하게 지킬 수 있었다.

    하지만 축제 분위기는 빠르게 식어 버렸다. 여왕 없는 이 왕국이 앞으로 어떻게 될지 걱정스러웠기 때문이었다. 그렇게 성이 침울하게 가라앉았을 때 성 안쪽에서 팡파르가 울려 퍼졌다.

"여왕 폐하 납시오!"

    사람들이 그 소리에 어리둥절해 있는데 거짓말처럼 안젤라가 모습을 드러냈다.

"진짜다! 진짜 여왕 폐하시다!"

평소처럼 밝고 건강한 안젤라의 모습을 보자 사람들은 환호성을 질렀다.

"여왕 폐하 만세!"

"캘버른 왕국 만세!"

안젤라는 단 위로 올라가 군사들의 노고를 치하하고 앞으로도 캘버른 왕국은 영원할 것이라 선언했다.

안젤라가 연설을 끝내고 단을 내려오는데 에머슨 신부가 다가왔다. 그는 주머니에서 무언가를 꺼내 안젤라 앞에 내밀었다.

"아아, 어머니!"

그것은 얼마 전 시장 골목길에서 소매치기를 당했던 어머니의 목걸이였다.

"전투가 시작되기 전 수도원 안팎을 살펴보느라 정문을 나서다가 발견했습니다. 누군가가 빈민 구호소 문에 이것을 걸어 놓았더군요."

안젤라는 목걸이를 품에 꼭 안고 기쁨의 눈물을 흘렸다.

에머슨 신부가 성호를 그으며 말했다.

"그래서 저는 이 전투가 성모님의 보호 아래 캘버른 왕국의 승리로 돌아갈 것을 믿어 의심치 않았습니다."

"저는 영영 이 목걸이를 잃어버렸다고 생각했어요. 그런데 이렇게 중요한 때에 다시 돌아온 것을 보니 정말 성모님의 뜻 같군요."

잠시 목걸이를 쓰다듬던 안젤라가 목걸이를 다시 에머슨 신부에게 주었다.

"이 목걸이를 기적의 성모상 손에 걸어 주면 좋겠어요. 우리 왕국에도 어머니에게도 위안과 축복이 될 것 같습니다."

그렇게 왕국은 평화를 되찾았고 여왕 안젤라의 입지는 더 단단해졌다.

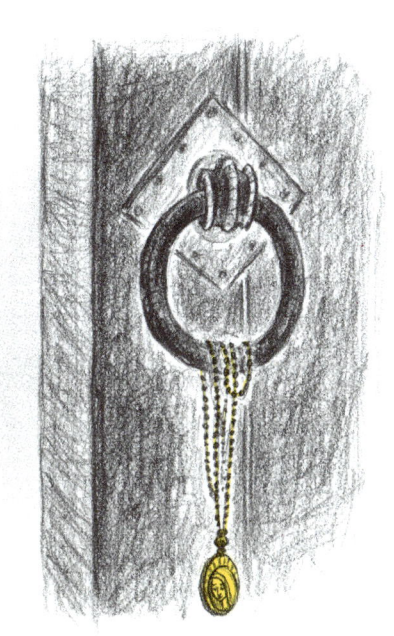

22. 기적

안젤라가 여왕이 된 지도 어느덧 10년이라는 세월이 흘렀다.

캘버른 사람들은 이른 아침부터 길을 나섰다. 남자와 여자, 노인과 아이 할 것 없이 모두 들뜬 얼굴로 한곳을 향해 갔다. 멀리서 출발한 사람들은 꼬박 사흘이 걸리기도 했고 가까운 사람들은 한나절이 걸리기도 했다. 그들이 한마음으로 도착한 곳은 캘버른 왕국의 새 성당이었다.

사람들이 새 성당으로 모여들고 있던 그때, 성의 접견실에서는 한 여인이 사색이 되어 덜덜 떨고 있었다. 어젯밤 여왕의 명령이라며 집에 들이닥친 사람들은 그녀를 왕궁의 넓고 화려한 방으로 데려간 뒤 사라졌다. 여자는 자기가 무슨 잘못을 했나 아무리 되짚어 봐도 그럴 만한 일은 없었다.

"하늘에 맹세해도 좋아!"

하지만 어째서 여왕이 자신을 불렀는지 불안하기만 했다. 푹신한 침대가 마련되어 있었지만 그녀는 잠을 이룰 수가 없었다. 꼬박 밤을 새운 뒤 아침이 밝자마자 그녀는 여왕 폐하가 납신다는 전갈을 받고 접견실로 왔던 것이다.

안젤라는 들어오자마자 여자에게 물었다.

"여전히 밀 농사를 짓는가?"

여자는 자신이 예전에 밀 농사를 지은 것을 여왕이 어떻게 아는지 어리둥절했다. 그러나 곧 그녀는 역시 여왕은 신이 내린 분이라는 생각을 하며 대답했다.

"아, 아닙니다. 10년 전까지만 해도 밀 농사를 지으며 살아왔지만 지금은 다른 일을 합니다."

"그래? 어떤 일을 하는가?"

"남편이 다치고 나서 밀 농사는 무리였습니다. 그런데 마침 시장이 여기저기 생기면서 새로운 직업이 많이 생겼습니다. 그중에 저와 남편이 할 수 있는 일이 있었습니다."

"어떤 일이지?"

"저희 부부는 시장 옆에 식당을 차렸습니다. 주로 시장 상인들이 손님이지요. 또 남편은 짬짬이 양털 가게에 양털을 배달하는 일도 하고 있습니다."

"아이들은?"

"아이들은 우리 부부가 일하는 동안 아동 보호소에서 지냅니다. 그곳에서는 아이들에게 끼니도 챙겨 주고 글자와 셈도 가르쳐 준다지 뭡니까? 그 덕에 우리 부부가 마음 놓고 일을 할 수 있게 된 거지요!"

"그거 다행이로군. 그런데 네가 만든 요리는 어떤가? 한번 먹어 보고 싶구나."

안젤라가 뒤를 돌아보았다.

"어떤가? 제이슨 경도 맛보고 싶지 않은가?"

제이슨이 빙그레 웃으며 대답했다.

"저도 꼭 한번 먹어 보고 싶습니다. 그때 그 맛이 나는지 궁금합니다."

여자가 놀라 손을 휘저었다.

"아, 아닙니다요. 저희 같은 사람들이야 맛있다고들 하지만 지체 높으신 분께 어찌 그런 험한 음식을 올리겠습니까!"

안젤라와 제이슨이 하하 웃음을 터뜨렸다.

여자가 이상한 기분이 들어 슬쩍 고개를 들었다. 그녀는 10년 전 안젤라가 사냥터에서 습격을 받은 뒤 잠시 쉬어 갔던 농가의 아낙이었다. 여자는 자기 앞에 있는 사람들을 보고 얼굴이 하얗게 질렸다. 세월이 지나 귀엽던 소녀는 우아한 여인이 되었지만, 그녀는 분명 10년 전 자신에게 팔찌를 내놓던 소녀가 분명했다. 그 소녀가 여왕이었다니! 그녀는 자신의 앞에 있는 사람들에게 퉁명스럽게 굴었던 일을 떠올리고 몸을 바들바들 떨었다.

"아이고, 죽을죄를 지었습니다! 그때는 제가 제정신이 아니었습니다. 제발 살려 주십시오!"

"무슨 소릴 하는가? 네가 만들어 준 죽 한 그릇은 내 몸과 마음을 따뜻하게 녹여 주었다."

여자가 그래도 벌벌 떨며 고개를 들지 못하자 안젤라가 제이슨에게 말했다.

"나는 아무래도 좋은 왕이 아닌 것 같네."

"그 무슨 말씀이십니까?"

"백성들이 이렇게 나를 두려워하다니 내가 옹졸한 왕이라는 뜻이지 뭔가?"

여자가 고개를 처박은 채 소리쳤다.

"그때는 폐하를 몰라뵙고……. 정말 죽을죄를 지었습니다."

안젤라가 미소를 띠며 말했다.

"그만, 그만. 나는 네 죄를 물으려는 게 아니다. 그때 이후 나는 네가 어떻게 지내는지 늘 궁금했다. 이제는 어떤가? 살 만해졌는가?"

"예, 살 만하다마다요. 여왕님 덕분에 저희 가족은 이제 잘 지내고 있습니다."

"내 덕이라고?"

"예, 여왕 폐하께서 시장을 여러 군데 만드시고 그 시장이 성공하면서 일자리가 많이 늘어났습니다. 그래서 저희 부부도 일을 갖게 되었으니 여왕님 덕이고말고요. 안 그랬으면 저희 가족은 밀밭만 바라보다 모두 굶어 죽고 말았을 것입니다."

안젤라가 미소를 지었다.

"그거 다행이로구나."

제이슨이 예배 시간이 가까워졌음을 알렸다.

"그래? 그럼 다 같이 가 볼까?"

안젤라는 소파에서 몸을 일으키다가 창밖을 보았다.

"봄이로군."

안젤라는 여자를 돌아보았다.

"봄이 되면 농부들은 무슨 일을 하지?"

"지금은 밀의 씨앗을 뿌릴 때입니다."

안젤라가 방을 나서며 중얼거렸다.

"씨앗을 뿌릴 시기라······. 나는 이제 또 어떤 씨앗을 뿌려 볼까? 내일 위슬리 백작을 만나 봐야겠군."

성당 앞에는 이미 많은 사람들이 구름처럼 모여 안젤라를 기다리고 있었다.

"여왕님이시다!"

"여왕 폐하가 오셨다!"

안젤라는 손을 흔들어 사람들의 환호에 답했다.

10년 전 윌리엄 왕이 안젤라에게 왕위를 계승할 때만 해도 모두 고개를 저었다. 성당을 건축하기는커녕 왕국 전체가 흔들릴 것이라 예상했다. 그러나 안젤라가 여왕이 된 후 10년 동안 캘버른 왕국은 달라졌다. 새로운 성당이 우뚝 선 것처럼 모든 것이 새로 시작되고 발전했다.

처음 캘버른 성과 퀠른, 핸오키가 걸쳐진 곳에 시장이 열린 이후 제2, 제3, 제4의 시장이 들어섰고 하나같이 성공을 거듭했다. 그 결과, 자유롭고 공정한 시장 경제가 정착되었고 백성들은 지긋지긋하던 가난에서 벗어날 수 있었다. 게다가 왕국의 지원과 노력으로 곳곳의 성당에서는 빈민 구호소와 아동 보호소를 정비해 거리를 헤매던 걸인들과 아이들이 새롭게 살아갈 수 있도록

도와주었다. 백성들은 이 모든 일이 10년 전 안젤라가 왕위에 오르면서 시작되었다는 것을 알고 있었다. 그리고 드디어 오늘, 성당 완공을 기념하는 특별 예배가 있다는 소식에 왕국의 온 백성들이 모여든 것이다.

완공된 성당을 본 사람들은 절로 탄성을 질렀다.

"아아, 이건 기적이야!"

"천국의 모습이 바로 이럴 거야."

뾰족뾰족 솟은 지붕은 하늘과 연결된 것 같았고, 정문 위에는 기적의 성모상이 빛을 발하며 사람들을 굽어보고 있었다. 성모상 주위에 있는 천사상들은 구름 위를 날아다니는 것 같았다. 그 아름다운 광경을 보며 사람들은 모두 눈물을 흘리며 기뻐했다. 누구부터인지 모르지만 사람들은 소리치기 시작했다.

"대성당 만세!"

"안젤라 여왕님 만세!"

사회와 친해지는 책 ○ 경제
왕국을 구한 소녀 안젤라의 경제 이야기

2016년 12월 15일 초판 1쇄 발행
2024년 7월 8일 초판 2쇄 발행

지은이	조경숙·이기욱
그린이	고상미
펴낸이	염종선
책임편집	한지영
디자인	반서윤
조판	박아경
펴낸곳	(주)창비
등록	1986. 8. 5. 제85호
제조국	대한민국
주소	10881 경기도 파주시 회동길 184
전화	031-955-3333
팩스	031-955-3399(영업) 031-955-3400(편집)
홈페이지	www.changbi.com
전자우편	dongmu@changbi.com

ⓒ 조경숙, 이기욱, 고상미 2016
ISBN 978-89-364-4700-7 73320

* 이 책 내용의 일부 또는 전부를 재사용하려면 반드시 저작권자와 창비 양측의 동의를 받아야 합니다.
* 책값은 뒤표지에 표시되어 있습니다. * KC마크는 이 제품이 공통안전기준에 적합하였음을 의미합니다.
* 사용 연령: 5세 이상 * 종이에 베이거나 긁히지 않도록 주의하세요.